学研のヒューマンケアブックス

発達の気がかりな子どもの上手なほめ方しかり方

応用行動分析学で学ぶ子育てのコツ

山口 薫 著

新装版

Gakken

はじめに

この本は、家庭での子育て、保育園・幼稚園での保育、学校などの教育の場で、お母さんやお父さん、保育士さん、先生たちに、「上手なほめ方、しかり方」をしていただくために書いたものです。

わたしは、1950年東京大学心理学科を卒業してすぐの3年間、当時の文部省教育研修所に設けられていた中学年齢の知的障害児のための教育実験教室で教えました。そのときの子どもたちの多くは、小学校では不登校だったり、いじめの対象だったりして、わたしたちのクラスに来ても、ほとんど席に座っていないで教室中を駆け回って、騒いでいました。

わたしのような新米教師には、そんな子どもたちを席に座らせることさえ難しく、お手上げ状態でした。そのとき、わたしたちの指導をしてくださった、戦前から知的障害の特殊学級で教えていた小杉長平という先生が、たった一言で難なく子どもたちを席に座らせて授業を始められたのを見て、「さすが名人芸は違う、大学で習った心理学は全然役に立たない」と驚嘆したものでした。

その後しばらく経って、フルブライト研究員として渡米。1年間、イリノイ大学でシドニー・ビジュー先生から「応用行動分析学」という心理学の原理を学んでみると、小杉先生の指導法は、まさに応用行動分析学の原理に適った指導法であることが分かりました。もちろん、小杉先生は応用行動分析学については全くご存じなく、ただ、長い教育経験から、いわば指導のコツを体得されていたのだと思います。

日本に帰ってから東京学芸大学や明治学院大学で相談に来た子どもたちに適用してみて、応用行動分析学の有効性をわたし自身で確かめることができました。こうして、ますます応用行動分析学（ABA）の正しさを確信するようになったのです。

さて、ひるがえって現在の学校教育を見ると、多くの学校で不登校が増え、いじめ、非行、校内外暴力、あげくの果ては殺人と、わたしたちの子どものころには想像もできなかったような事件が次々と起こっています。

これらの問題は、学校教育の中だけで解決することは不可能です。最近の親の子育てを見てみると、一人っ子、核家族ということも影響してか、やたらに子どもを甘やかしたり、無意味なしかり方をしていることがあります。家庭で、できれば0歳からの子育ての中で、適切な育て方をすることから始めることが必要です。

家庭で基本的な身辺自立や社会的行動を身につけることができれば、就学後も保護者と学校の協力によって、前述のような学校での問題行動はずっと少なくなり、子どもたちの学力も向上するはずです。

そのためには、親や教師に少しでも応用行動分析学の原理を身につけていただきたいというのがわたしの願いです。

「応用行動分析学」というと難しい学問のように思われるかもしれません。確かに、心理学の一つの分野ですから、奥の深い学問分野であることは間違いありませんが、この本では、心理学など全く学んだことのない方でもすぐ使うことができ、その効き目を確かめることができるように、いろいろな事例について「上手なほめ方しかり方」を挙げながら、関係する原理を説明しました。

最初から通して読むのが難しければ、興味のある事例のQ＆Aを読んで、それに関連して原理を学んでいただくのもいいかもしれません。

実際に使ってみてその効果を確かめながら、さらにより効果的な方法を見つけていくのも応用行動分析学の原理なのです。ただ読むだけでなく、少しでも実際に使って効果を試していただければ幸いです。

山口　薫

第1章　子どもを育てる基礎原理を学ぼう
～応用行動分析学への入門～……9

第2章　上手なほめ方しかり方Q&A
～子どもの気になる行動へ対応するには～……27

第5章 教室での上手なほめ方しかり方Q&A
～グループ指導で行動問題を軽減するには～

第1章

子どもを育てる
基礎原理を学ぼう

～応用行動分析学への入門～

応用行動分析学の諸原理については、第6章で詳しく解説しますが、ここでは第2章以下のQ&Aを読むにあたって理解が深まるように、簡単な応用行動分析学の原理の解説をしておきます。この本の事例以外への応用の手がかりにもなるでしょう。

1 子どもの心理的発達とは

子どもは、おおよそ1歳を過ぎると一人歩きができ、そのころに片言のことばが言えるようになります。2、3歳になると両足跳びができ、順番を守ってお友だちと遊べるようになり、二語文、やがて三語文でお話ができるようになります。5、6歳になるころには抽象能力がかなり発達し、読み、書き、算数の学習も始められます。もちろん、一人ひとり個人差があり、発達の早い子も遅い子もいますが、このように年齢と共に子ども発達、特に心理的発達がどのように進むかを調べて、年齢を尺度に標準を決めるという発達の見方もあります。

しかし、身長一つ取り上げても、戦前と今では年齢による標準が大きく違ってきています。身体面の成熟が食生活の変化という環境の変化で大きく変わるように、心理的発達も、環境からさまざまな刺激を受けて、それに反応しながら発達していきます。それも、受動的に反応するだけでなく、子どものほうから環境に働きかけて、環境内の刺激を変えていく、つまり一方通行ではなく、**子どもと環境が相互作用する**なかで子どもの行動が変化していきます。そして、その変化は後退ではなく、**前進的**でなければ発達とは言えません。

例えば「食べる」行動は生まれてから一生続きますが、最初はお乳を吸い、やがて離乳食、手づかみ、スプーンを使って、そして、日本人などははしで食べ、欧米人はナイフとフォークで食べることを学習します。食べるということでは同じですが、食べ方は前進的に変化します。

「ことば」の発達も、最初は周りの人、多くは母親の発語をまねし、やがて、「ウマウマ」「バイバイ」など子どもが自分から発語するようになります。環境で使われる言語によって日本語だったり英語だったりするわけですから、「ことば」の発達も環境との相互作用による行動の前進的変化です。

子どもを育てる、教えるということは、子どもが**望ましい行動を早く確実に身につけ、望ましくない行動を早く確実に弱める**ために、どんな環境を準備したらいいのかということになります。その中でも、特に上手なほめ方・しかり方が大きな意味をもっています。

2 応用行動分析学のＡＢＣ

「応用行動分析学のＡＢＣ」のＡＢＣは、前節で述べた心理的発達の枠組みを示すもので、Ａ―Ｂ―Ｃパラダイム（知的枠組み）と呼んでいます。詳しいことは第6章を見てください（Ｐ１４１図１）。

Ａは環境からの子どもに対する刺激、Ｂは子どもの行動、Ｃは子どもが環境に働きかけた結果、環境に起こる変化を意味します。

(1) Ａ→Ｂ（レスポンデント行動）

6章の〈図1〉に例示したように、光の刺激に瞳孔が収縮したり、ひざをたたくと膝蓋《しつがい》反射が起こります。生まれつきもっている反射なので無条件反射と呼びます。

パブロフの犬の唾液分泌の条件反射は知っていますね。パブロフは、犬の口に肉片をくわえさせると唾液が出るという無条件反射を利用して、ベルの音を聞かせても犬に唾液を出させることに成功しました。

これが条件反射の最初の実験ですが、簡単な条件反射を利用してだんだん複雑な条件反射（反応）を形成していきます。環境からの刺激に反応する行動ですので、専門用語では「**レスポンデント行動（反応）**」と呼ばれています。

(2) B→C(オペラント行動)

〈図1〉には例として、

● **テレビのスイッチを入れる→画面と音が出る**

● **水道の蛇口をひねる→水が出る**

● **「今何時?」と時刻を聞く→時刻を教えてくれる**

を挙げました。子どもの側から環境に働きかける行動なので「働きかける―operate」という英語から、「レスポンデント行動」と対比して「**オペラント行動(反応)**」と呼ばれています。

テレビのスイッチを入れておもしろい番組ばかり出てくると、スイッチを入れる回数が増えますね。反対にいつもつまらない番組ばかりだとテレビをだんだん見なくなります。壊れたテレビだと2、3回スイッチをいじって、後はスイッチに触らなくなるでしょう。

水道の蛇口をひねっても水が出なければ、蛇口をひねる行動は弱められますし、いつも正確な時刻を教えてくれればその人に時間を聞く行動は強められ、いつもでたらめな時刻を言う人には時間を聞かなくなります。

わたしたちの行動を考えてみるとほとんど「オペラント行動」ですね。

たまたまパチンコをしたら、玉がたくさん出て賞品もどっさりということが続けば、パチンコ店に足繁く通うようになり、反対に損ばかりしているとパチンコ店から足が遠くなります。勤め帰りに、駅前で一杯やったら、お酒も料理もおいしく、サービスもよくてしかも安かったとなると、毎晩のようにその店に立ち寄ることになります。

それでは、こんな場合はどうでしょう。

学校から帰ってきた子どもが、お母さんから「100円あげるからお使いに行って」と頼まれます。その子は友だちと遊びに行く約束をしています。約束を破れば友だちに文句を言われ、信用を失います。

子どもはどちらにしようか悩むことになりますが、お使いに行って100円もらうプラス、嫌と言ってはお母さんに渋い顔をされ100円もらいそこなうマイナス、友だちの信用を得るというプラス、失うマイナス……これらのプラス、マイナスを足し算、引き算した結果がプラスになる行動を選ぶことになります。

わたしが講演を頼まれて、ほとんどの聴衆が居眠りしていたら、また頼まれてもお断りということになるでしょうが、1時間の講演に100万円の謝礼をくださるとなれば話は別。これもオペラント行動です。

(3) A→B→C(刺激性制御)

A(先行刺激)によって特定のB(行動)が起こりますが、それは(1)の光の刺激で瞳孔が収縮するようなA→Bとは違い、その行動が特定のC(結果)を生み出すことにより、Aが特定の行動をするよう知らせる合図、手がかり(弁別刺激)になるという関係です。

例としては、道路を信号に従って横断する行動が分かりやすいでしょう。赤や青の信号には、子どもに生まれながら道路を渡っていいのかいけないのかを知らせる機能があるわけではなく、母親や先生に教えられて、赤信号(A)のとき、渡る(B)と危険(C)で、青信号(A')のときに、渡れば安全(C')だということを学習し、赤や青の信号が道路を横断するかしないかの行動をとらせる合図になります。

そうだとすると、子どもがいろいろなことを学習するのはほとんどこの仕組み(**刺激性制御**と呼びます)によるものだということになりますね。

ほかの例として、

- **母親「騒いではいけません」→子ども・騒ぐ→しかられる**
- **父親の上機嫌な顔→子ども「お小遣いを増やして」→要求が適う**
- **先生が宿題を出す→宿題をきちんとやる→先生にほめられる**

母親の「騒いではいけません」が、子どものおとなしくしているとほめられることを知らせる合図になり、おとなしくする行動を強める(制御する)ことになります。父親の上機嫌の顔が、子どもに小遣いの増額を要求して成功する手がかり(**弁別刺激**)になり、先生の指示は、従うとほめられることの弁別刺激になるわけです。

3 望ましい行動を強め望ましくない行動を弱めるためには

「1　子どもの心理的発達とは」で、子どもを育てる、教えるということは、子どもの望ましい行動を強め、望ましくない行動を弱めるよう環境からの子どもへの刺激を整えることだと言いました。

どんな行動が望ましいのか、望ましくないのか。どんな社会にも共通する普遍的な、望ましい行動、望ましくない行動についての規範もありますし、国、地域、文化、習慣などで違う場合もあります。また、時代と共に変化することもありますが、いずれにしても、それぞれの家庭、学校、社会で望ましい行動、望ましくない行動の項目が決められます。

どんな行動目標を、どんな順序で並べるのか、これは学校ではカリキュラム（教育課程）と呼んでいますが、それぞれの家庭でも「どんな行動を身につけさせたいか」というおおよその子育ての計画はあるはずです。この計画作りはA—B—Cパラダイムの A—B の部分になりますが、大切なのは、それらの望ましい行動をどうしたら早く確実に身につけさせられるのか、また、それを妨げる望ましくない行動を早く確実に弱めるためにどうしたらよいのか……つまりB—Cの関係です。

ここにCとしての「上手なほめ方しかり方」が大きく関係します。

望ましい行動を強めるのには、次の二つの方法があります。

❶行動のたびにほめる、ごほうびをあげる。
❷あらかじめ罰を与えておき、行動のたびに罰を取り除く。

❷は、ネズミを箱に入れて電気ショックを与え、てこを押すとショックが中断する仕掛けを作ると、ネズミは絶え間なくてこを押すようになります。わたしたちの日常的な行動では、寒いとき（**嫌悪刺激**）に手袋をしたり、オーバーを着たりしてその刺激を除去します。

しかし、あらかじめ罰を与えることは教育的にはできませんから❷は使えませんね。従って望ましい行動を強めるためには、もっぱら❶が使われます（**正の強化**）。

望ましくない行動を弱めるのには、次の三つの方法があります。

❶望ましくない行動のたびに罰を与える。
❷あらかじめごほうびを与えておき、望ましくない行動のたびにごほうびを取り上げる。
❸望ましくない行動に知らん顔をしている。

❶には「しかる」ことも含まれますが、下手にしかるとかえってその行動が強められてしまうことがありますから気をつけましょう。❸は「**消去**」という技法で、軽い問題行動を弱めるのに効き目がありますので、まず❸を使ってみて効果が薄ければ❷を。❶は最後の手段です。

4 上手なほめ方しかり方10か条

ここでは、上手にほめる、しかるためのポイントを10か条にまとめました。これらは、後の章でもっと具体的に説明しています。

❶ 心からほめる。

「ほめる」ということと「おだてる」「お世辞を言う」「甘やかす」「おべんちゃら」「おべっか」は全く違います。子どもは、何かできたときには「できた！」という成功感、成就感を味わっているはずです。子どもと同じ気持ちになって、「えらかった！」「よくできた！」とほめてあげましょう。（「心から」という言い方は「行動用語」ではありませんが、このことは後のQ40でもっと正確に説明します）

❷ 毎回見逃さず、すぐほめる。

同じ行動をほめたりほめなかったりでは、効き目が薄くなります。毎回必ず、それが無理ならできるだけ見逃さないで、そして時間をおかず、すぐにほめましょう。子どもがその行動を確実に身につけたら、毎回でなく、3回に1回、5回に1回というように間引いていきます。また、すぐではなく、少し時間が経ってほめるやり方に切り替えます。

❸子どもにとって身近な親しい人、お母さん、お父さん、担任の先生からほめられることが大きな効果。

生まれたときから、お腹がすいたとき、のどが渇いたとき、おむつが濡れたとき、いつも優しく、歌を歌ったり、ことばかけをしながら世話をしてくれたお母さんに（場合によってはお母さんに代わる人に）ほめられることが、一番効果がありまず。幼稚園や学校ではまず一番親しい担任の先生（あるいは園や学校で一番えらいと思っている園長先生や校長先生）にほめられるのが最も効果があります。

そして、やがてお母さん以外の身近にいる人、担任以外のほかの先生にほめられても効果があるようになっていきます。

❹ほめることで子どもに成功感、成就感を与え、やる気を起こさせる。

何をやっても「どうしてできないの」「だめな子ねぇ」としか言われないと、だんだんやる気がなくなってしまいます。ほめられると、子どももも「やった！」という成功感、成就感を覚え、次第に人にほめられなくても自分で自分をほめる（自己強化する）ようになります。

そして「やる気が起こる」「学習意欲が高まる」ようになります。

❺すぐにはできそうもないとあきらめる前に、スモールステップに分けて、できたことをほめる。

やればできるという成功感を味わうには、目標をスモールステップに分けて1ステップごとに「できた！」「できた！」と成功感を与えることが大切です。お母さんや先生にとっても「この子はやればできるんだ」と、子育て、指導に自信がでてきます。

❻今、子どもに一番効き目のあるごほうびを探す。

生まれたばかりの子どもには、ほめただけでは意味がありません。また、小さな子どもにはお菓子やジュースのようなごほうびが必要でしょう。少し大きくなると、絵本を読んであげる、好きなテレビを見せる、ゲームを買ってあげる、遊びに連れて行くなど、食べ物、飲み物以外の具体物が効果的なごほうびになります。

さらに大きくなると、「抱きしめる」「ほおずり」「高い、高い」「よくできた」「えらかったね」といったほめ方（社会的強化）が効果をもつようになります。

最初お菓子や玩具のようなごほうびを使う場合も、必ず「ほめる」ことをいっしょにすることが大切です。そうすることで、社会的強化がだんだん効果を示すようになっていきます。さらに、子どもによっては思いがけないものがごほうびになることがあります。いろいろ試して、一番効き目のあるごほうびを探してください。

❼駄々をこねたり、ちょっとしたいたずらは、しからないで知らん顔をする。

めそめそ、ぐずぐず言ったり、お菓子売り場の前を通るたびに「買って、買って」と駄々をこねたとき、知らん顔を続ける（消去）と、だんだんしなくなります。難しいのは途中1回でもなだめたり、しかったりするとそれまでの努力が元の木阿弥になってしまうおそれがあることです。

しかりたくてもじっと我慢して続けてみましょう。一番よくないのは、「いけません」と言いながらやらせてしまうことです。

❽できるだけしからない。

なぜ、なるべくしからないようにしなくてはいけないのか。まず、しかり続けているとその効果がだんだん薄くなります。同じ効果をあげるためには、だんだん罰を強くしなくてはなりません。

次の問題は、例えば学校で、ある先生にしかられるとその先生を怖がるようになりますが、だんだんほかの先生も怖がるようになり、やがて学校に行くことが嫌になることです。学校嫌いの不登校が増える理由の一つです。

❾ どうしてもしからなければならないときは、短くきっぱりと。

煮えたぎったやかんに触ろうとしたり、ガス栓をひねろうとしたり、5階のベランダから身を乗り出したりといった場合は、「消去」などとのんきなことを言ってはいられません。「ダメ！」と言って体を押さえてでも（お母さんに抱きしめられるのがごほうびにならないように厳しい顔で、ときには痛がるくらいにきつく）、断固やめさせなければなりません。くどくど言って聞かせるより、何が何でもやめさせるという強い決意が必要です。

❿ しかりっぱなしにしない。最後はほめて終わらせる。

しかってやめた場合、言うことを聞いて、やらなかったことをすぐほめてあげましょう。

小さな子どもの場合は、体を押さえるとしばらくもがいて抵抗するかもしれませんが、そのうちあきらめておとなしくなるでしょう。すかさず「お母さんの言うことを聞いてえらいね」と言って解放します。「～をしなくてえらかったね」と言うと、場合によっては「～」に気を取られることがあります。単に「お母さんの言うことを聞いていい子ね」とだけ言うほうがいいでしょう。

このやり方は「しかること」と「ほめること」を組み合わせるわけですが、「消去」の場合も望ましくない行動の反対には望ましい行動があるはずですから、望ましくない行動には知らん顔、その反対の望ましい行動はほめるという組み合わせが、効果があります。

5 脳の中はブラックボックス（暗室）？

ほめると行動が強められ、しかると行動が弱められる、これが応用行動分析学の基本原理ですね。ところで、ほめられた子どもがその行動を繰り返すようになるのは、そうすると「ほめられる」「ごほうびがもらえる」ことが**分かったから**そうするのでしょうか。

ジガバチというハチは、捕らえた獲物を土に掘った穴に所蔵する習性があります。捕まえた餌を穴のそばに置いて、まず穴が空っぽかどうかを探索します。空っぽなら獲物を穴にしまいますし、すでに獲物でいっぱいなら獲物をつかんで別の穴を探しに行きます。倉庫が空いているか空いていないかを確かめて、空いていれば獲物をしまい、ふさがっていれば別の倉庫に入れに行くとは、なんと賢い昆虫だと思いませんか。

ところが、ハチが穴を探索している間に、獲物を少し穴から遠くへ移動させると、出てきたハチは獲物を元の場所に運び、また穴の探索を始めます。何回でも同じ行動を繰り返します。つまり、倉庫が空っぽであること、あるいはいっぱいであることが分かったから、獲物をしまったり、別の倉庫へ運んだりしているわけではなく、ただ遺伝的に決められたプログラムに従った行動を、プログラムどおり**機械的に実行**しているに過ぎないのです。

それに比べ、人間の行動は子どもでも、もちろんはるかに高度で複雑です。環境からの刺激との相互作用に脳の中の複雑な過程が関与していることは、疑う余地のないことです。

行動分析学の始祖**スキナー**も、脳の中で起こっている過程が人間の行動に関与していることを否定したわけではなく、脳の中をブラックボックスと考えたわけではありません。しかし、直接観察されない限り、勝手にあれこれ推測しても今はほとんど役に立ちません。ときにはとんでもない間違った解釈をしてしまうおそれがあります。

今は、脳の中で起こっていることの多くはまだ分かっていないので、それをあれこれ推測することはやめ、直接観察でき、計測もできる情報だけで人間を含む動物の行動の法則を考えていこうというのが行動分析学です。それを子どもの発達などの分析に応用するのが**応用行動分析学**なのです。

行動分析と反対の立場の精神分析の始祖、**フロイト**はパブロフとほぼ同時代、同じ生理学の研究者として、人間の行動を脳の働きにもとづいて明らかにしようと試みました。しかし、そのころの脳研究では複雑な人間の行動は到底解明できないとあきらめて、一転して神秘的な無意識の心理学の研究を始めました。でも最後まで、いつかは脳の研究が進んで、その知見をもとに行動が説明できる日が来ると信じていたということです。

脳の中で起こっている過程を、心理学の立場であれこれ推測して研究する**認知心理学**と呼ばれる分野があります。知能とは何かを研究するのも認知心理学ですが、知能にはいろいろな考え方があって、まだはっきりした定義もありません。知能検査で「知能指数」という知能を数字で表す研究が古くから行われていますが、あまり当てにならないので、最近は、知能と考えられるものの中身を質的に分析する研究が進められています。

怖いのは、一度、知能検査やその他の心理検査などで、知的障害、ＡＳＤ（自閉スペクトラム症）、ＬＤ（限局性学習症）などのレッテルをはられると、その子どもの行動をすべて知的障害だから、ＡＳＤだから、ＬＤだからと解釈して、子どもの行動を変える環境の軽視につながることです。

そこで、行動分析学では、直接観察されない脳の中のでき事を排除して、**直接観察できる刺激と行動**（反応）だけで、自然科学と同じ方法で行動の法則を研究するわけです。

その点から言えば、最近のめざましい脳の研究、例えばｆＭＲＩという脳の活動を動く画像で観察できる装置を使ったディスレクシア（読み・書きの障害）の研究などで、脳の中のでき事が自然科学として実証的に明らかになりつつあります。

もちろん、脳の極めて複雑な働きがすべて解明されるには、長い時間がかかるでしょうが、いつの日かスキナーやフロイトが予測したような、単なる推測ではなく、実証された脳の働きも取り入れた人間の行動の法則が明らかになるときが来るでしょう。

⑥ げんかつぎ（迷信行動）

ネズミが、てこを押すと餌が出ることが分かったから、餌がほしくててこを押すようになったと考えたり、ハトが丸窓をくちばしでつつくと餌が出ることが分かったから、餌がほしくて丸窓をつつくようになったと考えるのは間違いであることを証明するスキナーのおもしろい実験があります。

何羽かのハトを一羽ずつ別々の箱に入れ、ハトの行動に関係なく、ランダムにブザーを鳴らして同時に餌を受け皿に一粒出すことを続けると、やがて、あるハトはしきりに首を伸ばす、あるハトは羽をばたつかせる、別のハトは体を右に傾けるというようにめいめいのハトが違った行動をしきりにするようになりました。

つまりハトの行動と餌の出ることに因果関係はなく、ブザーが鳴って餌が出たときにたまたまハトが羽をばたばたさせる行動が数回重なると、羽をばたつかせる行動が強められたということなのです。

人間はネズミやハトとは違うと言うかもしれません。

では、「げんをかつぐ」行動を考えてみましょう。野球の選手が、朝、靴を右足から履いた日にヒットが打てたことが数回重なると、試合に行く日は必ず右足から靴を履くようになる。これは、偶然の一致で、因果関係はないのに、このような「げんをかつぐ」行動がよく見られます。スキナーはこれを迷信行動と呼びましたが、人間の行動にもこういう行動が少なからず見られるのです。

ある宝くじ売り場で一等が何枚か出たというので、発売日に朝早くから大勢の人が列をつくって買うのも「迷信行動」ですね。

子どもの行動も勝手に解釈するのではなく、直接観察できる行動を手がかりに、上手なほめ方、しかり方によって目標行動を早く確実に身につけさせることに専念しましょう。

ポツン

第2章
上手なほめ方しかり方Q&A
～子どもの気になる行動へ対応するには～

Q

01 朝の着替えや登校の準備が遅いので困っています

もうすぐ7歳になる女の子の母親です。いつも朝の着替えや登校の準備に時間がかかって困っています。「早く、早く」とせかせるのですが、効き目がありません。ほかのきょうだいの世話もあるので、娘にだけつきそっているわけにはいきません。イライラして、つい大声でしかってしまいます。どうしたらもっと早くできるようになるでしょうか。

A 着替える時間を決めて、できたらほめましょう

「早く、早く」とせかせても効果がないことが続くと、「早く」ということばの指示が、子どもにとってだんだん意味のない刺激になり、ますます効果がなくなっていきます。もし、「早く」と指示をしたら、お母さんが少々無理にでも手伝って早く着替えをさせ、着替えが終わった段階でとにかくほめてあげます。

もっといい方法は、時計が読めるなら、時計を使って最初は少し余裕のある、例えば10分以内にという約束をして、時間内に着替えができたらほめ（ごほうびをあげ）、何回か10分以内に着替えができたら、制限時間を9分、8分、7分……と**目標の時間まで少しずつ短く**していきます。

⇩ 漸次接近 P160

タイマーなどを使って、時間の経過、そして、時間切れをブザーなどで知らせることができればもっと効果的です。時計が読めなければ、時間の経過がお子さんに分かる器具（例えば大きな砂時計など）を使いましょう。

そして、時間内にできたときはほめてあげてください。できなかったときも「残念でした」程度の軽いことばかけをして、しからないようにしましょう。

ほめるだけではなかなか効果が現れないようなら、壁にはった表に○を付け、○が1週間分、あるいは10個になったら、子どもの希望する具体的なごほうびを与えたりするなど、工夫してみましょう。

⇩トークン・エコノミー　P151

「早く」と子どもをせかすのはダメ。

タイマーなどを使い、時間内にできたら表に○を付ける。

制限時間を短くし、時間内にできなかったら○を一つ取る。

○が10個になったら、ほしいごほうびをあげる。

Q02 偏食で困っています

ASDと診断された4歳の男の子の母です。偏食で困っています。ご飯は食べるのですが、野菜をまったく食べません。

A 3回食べなかったら食事を中止します

偏食を治すのには二つの方法が考えられます。

一つは、子どもに分からない程度に**おかずに野菜を少し混ぜ**、野菜の量を少しずつ（子どもに悟られないようごく微量から）増やしていきます。入れる野菜は嫌いな程度の低いものが分かれば、その野菜から始めるといいでしょう。果物も嫌いですか？　もしバナナなら食べるというのであれば、最初はバナナを混ぜてみるのも一つの方法です。

⇩**漸次接近　P160**

第二の方法は、ご飯と野菜を交互に口に入れ、野菜を拒否したら即座にご飯とおかずの乗っている**お盆を持って横を向き**、しばらく黙っています。10秒ぐらい経ったらまた向き直って野菜を口に運びます。3回拒否が続いたら食事を中止します。

しからないで、「野菜食べないのならご飯おしまいね」とだけ、普通の調子で言って中止します。
これを続けると子どもは空腹に耐えかねて一口くらいは食べるときが来ます。そのとき最大限にほめ、その後ご飯を三口くらい与えてから野菜を、というようにしながら、だんだん野菜を食べるようにするという方法です。

⇩タイム・アウト　P154

まず第一の方法から始め、第二の方法を使うときは、虐待にならないように、また味覚過敏などの感覚過敏への慎重な配慮が必要です。

嫌いなものを食べようとしない。

お皿を持って横を向く。10秒経ったら食事を続ける。

3回拒否をしたら食事は中止。

一口でも食べたらほめる。

Q03 夜は寝ようとせず、昼間うとうとしています。なんとか夜寝かせたいのですが……

発達に遅れがあると言われた子どもの母です。夜になると興奮してくるようで、全く寝ようとしません。その結果、昼間にうとうとしている状態です。なんとか夜にきちんと寝させたいのですが、よい方法はありませんか。

A とにかく昼間は寝ないようにさせます

発達に遅れがあるお子さんについて、よく相談を受ける事例です。

脳が覚醒している時間帯と眠っている時間帯には一定のリズムがあるのですが、このお子さんの場合は、そのリズムが何かの理由で乱れているのでしょう。まず専門医に医学的な観点からどんな問題があるのか相談することが必要でしょう。場合によっては、服薬その他の医学的対応が必要な場合があるかもしれません。

医学的には問題がなく、特別な対応策も特にないのであれば、昼間にうとうとさせないための何か工夫を考えます。例えば、うとうとしそうになったら、いっしょに運動をするとか、ゲームをするとか、好きな本を読んであげるとか、デパートや公園に連れて行くとか、おやつにするとか。とにかく昼間は寝ないように、できれば体を動かして**くたびれさせるようにして**、夜は早めに寝床につかせ、少しでも寝るという習慣を身につけさせます。

最初は夜中に起きるかもしれません。おしっこなどの場合は別として、ただ目を覚まして泣いたり叫んだりしたときは、危険な状態にならないように用心しながら、相手にならないで放っておきます。やがて泣き疲れて寝てくれればしめたものです。こうして、睡眠時間を少しずつ増やしていくという方法を試みてはいかがでしょう。

子どもに限らず人間の生活行動には一定のリズムがあります。昔から「早寝早起き」ということが言われてきましたが、これも子どもの生活に一定のリズムをつけるためです。できれば大人の生活リズムも一定にして、それに合わせて、子どものリズムも早く確立できれば、後はそんなに苦労しなくても寝てくれるようになるはずです。

夜寝ないで起きている。医師への相談も考える。

昼間に運動をさせて疲れさせる。

起きて騒ぎだしたら、知らん顔をする（ただし、安全に気をつける)。

だんだんと起きることがなくなる。朝起きたときにはほめる。

Q04

毎晩おねしょをするのですが、注意しても理解していないようです

11歳の知的障害のある男の子です。今年5年生になりますが、今でも毎晩おねしょをします。量が多くなったし、臭いのでベランダで布団を干すのにもひと苦労です。本人に注意をしても、何が悪いのか理解していないようです。修学旅行でもおねしょをしてしまうのではないかと心配です。

A 夜中に起こしてトイレでできたらほめます

小学生になってもおねしょをする子どもはたくさんいます。特に男の子に多いようです。おねしょをしても、決してしからないでください。**しかられればしなくなる**というものではありません。

なぜ、おねしょをするのでしょうか。寝てから一定の時間が経つとぼうこうが一杯になってきます。寝る前に水分をあまりとらないようにしても、子どもの場合はやがて一杯になり、その信号が脳に伝わり、脳を覚醒させます。このときトイレへ行く行動が学習されていれば、トイレに行って排尿します。しかし、信号が弱かったり、熟睡していると脳が目を覚まさず、布団の中に排尿してしまいます。これがおねしょです。

そこで、まずはトイレ行動を学習する必要があ

ります。ぼうこうが一杯になりそうな時間に、お母さんが起こしてトイレに連れて行ってあげてください。お母さんも夜中に起きなくてはいけなくて大変ですが、これを繰り返せばお母さんが起こさなくとも、自分で目を覚ましてトイレに行くようになります。

　このとき、お母さんが起こした場合でもトイレで排泄できたら、うんとほめてあげてください。もちろん、一人でできた場合は特にほめてあげてください。

　ただし、途中で起こすのは睡眠のリズムを乱すこともあるようです。生活リズムを整えて、なるべく寝る前に自分で行けるようにしてあげましょう。

おねしょしたことをしかるのはダメ。

定期的に起こしてトイレへ連れて行く。

たまたま一人で起きてトイレに行けたときは、しっかりほめる。

一人でできたら、毎回ほめる。

Q05 トイレに連れて行っても自力ですることができずに困っています

息子は小学校3年のASDの疑いがある男の子です。トイレの問題で困っています。おしっこは自分でするのですが、便秘ぎみで、定期的にトイレに座らせても便をせず、家でも学校でもパンツの中へしてしまいます。しかたないので、毎朝浣腸をしてトイレに行かせています。なんとか自分でトイレに行ってできるようにしたいのですが。

A 補助してでも排便ができたらごほうびをあげてください

まず、浣腸をしてトイレで排便したら、毎回必ず**ほめてあげて**ください。

⇩**連続・即時強化　P151**

ASDのお子さんの場合は、ことばでほめてもあまり効果がない場合があります。そのときは、効果のある**具体的なごほうび**を考えてください。

私の相談事例では、やはりASDの疑いがある中学生でしたが、紅茶が好きな子だったので、お母さんが特製のおいしい紅茶を用意して、排便の直後にあげることでうまくいった例があります。

⇩**強化子のタイプ　P158**

次に、浣腸を使わないで排便するようにするためのプログラムですが、最初は浣腸液がグリセリン10ccと水10ccだったとすれば、その濃度をだんだん薄くし、次いで量をだんだん少なくしていきます。

⇩漸次接近　P160

そして、最後は空の浣腸器をお尻にポンとあてただけで排便するようになり、やがて何もしなくても排便できるようになりました。

なお、紅茶などをごほうびに使う場合も、必ずことばでほめてあげてください。ことばでほめるだけで効果が見られるようになれば、一番よいでしょう。ＡＳＤの子どもでも、最後には社会的強化だけで効果が見られるようになった例があります。

⇩社会的強化子　P158

失敗してもしからない。黙って衣服を取り替えてあげる。

毎朝、浣腸液を薄めていき、量もだんだん減らす。

トイレで排便できたら必ずすぐほめる。

壁にはった表に○を付ける。10個たまったらごほうびをあげる。

Q06 大人とばかりいっしょにいたがるので、もっと友だちと遊ぶようになってほしい

運動やことばの発達に少し遅れがある4歳の女の子です。今年から近くの幼稚園に通っていますが、内気で人見知りが激しく、友だちと遊ぶことがほとんどなく、先生のそばにいることが多いようです。家でも近所の子とは遊ばず、大人とばかりいっしょにいたがります。もう少し友だちと遊べるようにしたいのですが……。

A 少しでも遊ぶことができたらすぐほめる

短い時間でも友だちといっしょに遊ぶことはあるようですね。そうだとすれば、お子さんが友だちと遊んでいるときは、**毎回**すぐ「～ちゃん、お友だちと遊べてえらいね」と言ってほめてあげてください。

⇩**連続・即時強化　P151**

幼稚園の担任の先生にもお願いして、同じようにほめてもらってください。

これを続けると、少しずつ友だちと遊ぶことが多くなっていくはずです。そうしたら、ほめる回数を少なくしたり、少し遅らせたりします。しばらくすると、特別にほめなくても、大人のそばにへばりついているより友だちと遊ぶ時間が多くなります。

⇩**間欠・遅延強化　P157**

子どもは3、4歳くらいになると、友だちと遊

ぶことが楽しいという経験を重ねることによって、友だちと遊ぶ行動を学習します。そうなれば、子どもは放っておいても自然に友だちと上手に遊べるようになっていきます。

「お友だちといっしょに遊びなさい」としつこく言ったり、無理やりに友だちのところへ連れて行くことは、決してしないでください。かえって逆効果になるおそれがあります。

友だちと少しでも遊ぶことがあれば、これが手がかりになりますが、全く遊ぼうとしない場合は、次のＱ７を参考にしてください。

友だちと遊ばないで、いつも大人のそばにいる子の場合。

先生にお願いする。

友だちと遊んでいるのを見かけたら……。

すかさずほめてあげる。

Q07 ほかの子どもと全く遊ばず、一人だけで遊ぶのが好きで困っています

息子は4歳ですが、一人っ子で、いつも一人で好きなことをしています。ほかの子どもと全く遊ぶことがないので、これから幼稚園、学校へ行っても友だちと遊べるかどうか心配です。

A お母さんがいっしょに声かけをする

一人っ子だったり、核家族だったりする場合は、どうしても一人遊びが多くなりがちです。でも、いずれは社会でみんなといっしょに暮らすのですから、幼いときから友だちと遊べるようになることが、とても大切です。

友だちと少しでも遊ぶのであればQ6が参考になりますが、全く遊ばない場合は、少し手間がかかります。

例えば、親戚や近所の子どもを家に呼んで、いっしょにおやつを食べたりしながら遊ぶ機会を増やすとか。または、顔見知りの子どもが砂場で遊んでいるとき、お母さんがお子さんといっしょに少し離れたところで砂遊びをし、だんだんお友だちとの距離を短くして、「スコップ貸してね」など

と声をかけ、徐々にいっしょに遊べるように**お母さんが仲立ち**をします。

⇩**漸次接近　P160**

スコップの貸し借りなどを通してお子さんが少しでも友だちと接触する機会がでてきたら、お母さんといっしょに「貸してね」「ありがとう」などと言ったりしながらだんだん友だちといっしょにいることに慣れさせます。

少し友だちといっしょに遊べるようになったら、お母さんが徐々にお子さんから離れていきます。

お母さんの後を追って友だちから離れようとしたら、すぐ戻って友だちのそばで遊ぶことを続けます。お子さんが友だちと遊んでいることをときどきさりげなくほめてあげてください。

家に帰ってから、お父さんなどに「今日はお友だちと遊んでたのよ」と言って、お母さん以外からもほめてもらいます。場合によっては何かごほうびをあげるのもいいでしょう。

⇩**アレンたちの研究　P149**

子どもたちが砂場で遊んでいる。

お母さんと砂遊びを始める。

お母さんがほかの子どもからスコップなどを借りる。

仲良くなったら子どものお誕生会を催し、友だちを招待する。

Q08 ＡＳＤでほかの子どもに興味がないようです。グループで遊ぶことも覚えさせたいのですが

５歳のＡＳＤの女の子です。幼稚園に通っていますが、ほかの子どもと遊ぶことに興味を示さず、いつも部屋の隅で絵を描いています。何とかみんなと遊べるようにしたいのですが、よい方法はありますか。

A ほかの子どものほうを参加させるようにします

ＡＳＤの子どもの中には、刺激、特に音の刺激に敏感で、部屋の隅で耳をふさいでうずくまる行動が目立ったりすることがあります。そんな場合、いきなり10人、20人のグループの中に入れるのは、その子どもにとって拷問にあっているような**苦痛かも**しれません。お母さんや先生と１対１で遊んだり、課題をやったりすることから始め、だんだん小グループの中に入れる、といったステップが必要です。

でも、このお子さんは部屋の隅で周囲には関係なく絵を描いているのなら、そんな細かい手順は必要ないでしょうから素晴らしいことではありませんか。

その子が紙に描いている場所から少し離れたと

ころに別の紙あるいはもっと大きな紙を用意して、一人の子といっしょに描かせます。次いで二人の子、三人の子に絵を描かせ、やがて絵の共同製作につなげていくといった方法はどうでしょう。

焦らず、無理をさせず、その子の関心のある活動に、ほかの子どもを徐々に参加させるようなところから始めてください。急がば回れです。

部屋の隅で、一人でお絵かきをしている。

離れたところに大きな紙を用意し、友だちとお絵かきさせる。

共同製作にほかの子どもを参加させる。

やがておゆうぎにも参加できるようになる。

Q09 幼稚園ではみんなと行動できますが、外で三輪車に乗るのをいやがります

幼稚園に通っている4歳の女の子です。園ではみんなといっしょに行動できて、特に問題ないのですが、ほかの子どもと比べて外で遊ぶのが嫌いなようです。そこで、三輪車を買ってみたのですが、2、3回足を回すと降りてしまいます。いずれ自転車に乗ることを考えると、ぜひとも三輪車に乗ってほしいと思うのですが、どうしたらよいでしょう。

A お母さんか担任の先生がほめてあげてください

お子さんの場合は、三輪車に乗って足を回すことができますので、もっと乗るようにすることは、そんなに難しいことではありません。

お母さん、あるいは幼稚園の担任が、お子さんが三輪車に乗って遊んでいたら「三輪車に乗れてえらいね」とほめてあげてください。見かけたら毎回すぐほめてあげてください。

⇩**連続・即時強化　P151**

自分から乗ることが少ない場合は、例えば、幼稚園の先生が毎朝、子どもを**抱き上げて三輪車に乗せ**、2、3歩押してあげて「三輪車に乗れてえらいね」と言って手を放すという援助をしてみてください。

⇩**ハリスの研究　P150**

後は子どもが自発的に乗ったときに、毎回、す

ぐにほめてみてください。
　この方法で、やがて毎回ほめなくても、遊び時間の多くを三輪車に乗って遊ぶようになったという研究結果があります。この研究では、ほかのクラスの先生がほめてもあまり効果がなく、担任がほめると一番効果がありました。子どもにとっては、まず、お母さんとお父さん、幼稚園では担任の先生というように、親しい人にほめられることがうれしくて、やる気につながるということなのですね。そして、やがてほかの人、ほかの先生にほめられても効果があるようになっていきます。

⇩**刺激般化　P161**

三輪車に乗りたがらない子の場合。

毎日、子どもを三輪車に乗せたら２、３歩押す。

自発的に乗ったときはすぐにほめる。

ほかの子同様に三輪車に乗って遊ぶようになる。

Q10 学校から帰るとすぐにゲームばかりして困っています

ＡＳＤの疑いがある小学校3年の男の子です。学校から帰ると、自分の部屋に閉じこもってゲームばかりしています。先に宿題をやるように言っても聞きません。ゲームを取り上げたこともあるのですが、わめき散らして大暴れしてしまいました。ゲームを全くするなとはいいませんが、時間を減らし、勉強もするようになる方法はありますか。

A 宿題を先にする行動パターンをつくってしまいます

お子さんの場合、学校から帰ったらゲームという行動パターンが確立してしまっているようです。最初は少し手こずるかもしれませんが、お母さんが断固として新しい行動パターンをやらせるようにすると、ＡＳＤの子どもの場合、毎日のルーチンとして、その行動パターンに従うようになります。

例えば、学校から帰宅したら、まず宿題、そしておやつ、ゲームという行動のパターンを断固として繰り返します。最初のうちは、学校から帰ったらすぐにお母さんが手伝って宿題をやってしまいます。ほとんどお母さんが手伝ってあげた場合でも、最後のほんの少しはお子さんにやらせ、終わった瞬間にほめてあげます。

そして、すぐ、おやつの時間にしてもいいでしょう。ゲームが好きなら、宿題をやったごほうびにゲームをやらせるという方法でもいいでしょう。

⇩**正の強化　P148**

そのうち、自分で宿題をやるようになれば、しめたものです。**行動パターンが確立する**までくじけないで続けてください。

絵や写真入りのカードで作った、学校から帰った後のスケジュールを、子ども部屋の壁にはって、終わった活動を1枚ずつ順番に取らせて次の行動をさせるのも効果があると思います。

帰宅したら決まった場所ですぐに宿題。

宿題が終わったら、すぐにほめる。

後はおやつなどのごほうびをあげる。

おやつの後に好きなゲームをさせてあげる。

Q11 友だちのおもちゃを取ってしまい、しかるとわめき散らします

ＡＤＨＤ（注意欠如・多動症）と診断された5歳の女の子です。保育園に通っていますが、ほかの子が遊んでいるおもちゃを取ってしまい、注意するとわめき散らすので困っています。何とかおもちゃを取らないように指導するよい方法はありませんか。

A しからずに取られた子としばらく遊びます

友だちが遊んでいるおもちゃを欲しがるのは、この年齢のどの子どもも同じで、それを注意されれば気に入らないのはごく当たり前の行動だと思ってください。問題は、その頻度と、わめき散らすという行動に、指導している人がどう対応したらいいのかということです。

脳の働きでは、外からの刺激に対応する脳の領域（視覚刺激なら視覚領野）の細胞が興奮すると共に、それ以外の刺激には興奮が起こらないように抑制する働きがいっしょに起こります。しかし、ＡＤＨＤは、抑制の働きが弱いため、刺激に対して衝動的に次から次に反応してしまうものです。多くの場合、やがて制止過程が発達して興奮過程に追いつくにつれ、ＡＤＨＤの特徴は収まってい

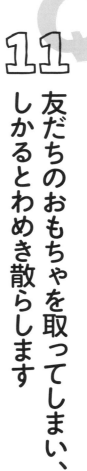

きますが、「わめき散らす」行動は早く弱めないといけません。

友だちが遊んでいるおもちゃに手を出す前に、保育士さんがそっと制止して素早く**別の遊びに誘ったり**、友だちとの共同遊びに導いたりしてはどうでしょう。間に合わなかった場合はおもちゃを取られた子どもに別のおもちゃを与えて、その子といっしょにしばらく遊んであげてください。

ＡＤＨＤのお子さんであれば、取りあげたおもちゃをすぐ放り出してしまうはずです。そしたら、そのおもちゃを最初の子に返してあげます。

それでも何かのことで「わめき散らす」行動が出たら、素早く別室に入れて、しばらくして落ち着いたら「いい子だね」とほめてグループに連れ戻すという方法を繰り返すと効果があるはずです。

⇩分化強化、タイム・アウト　P154

友だちが遊んでいるおもちゃを取り上げてしまう場合。

すぐに別のおもちゃを友だちに与え、いっしょに遊ぶ。

友だちといっしょに遊ぶよう誘う。

いっしょに遊べたらほめる。

Q12 保育園の集団遊びで、ルールが守れるようにしたいのですが

息子は4歳でADHDと診断されています。保育園で鬼ごっこなどの集団遊びをするとき、ルールを守ることができません。そのため友だちとケンカになるようです。どのようにルールを教えたらいいですか。

A まずは「待つ」ことから教えましょう

知的発達の程度にもよりますが、ルールが守れるようになるまでに少し時間がかかるかもしれません。

まず、「待つ」ことを教えてはどうでしょう。

食事やおやつのときは、欲しければ席を離れないでいられるのではありませんか。**五つ数えることから始めて、**だんだん待つ時間を長くしていきます。手を出して取ろうとしたら、素早く制止します。決められた時間が経過したら、うんとほめて食べさせます。

食事、おやつで1分くらい待てるようになったら、例えば、すべり台などで遊ぶときに「順番を待つ」ルールを教えます。同じように最初は短い時間からだんだん長くしてみましょう。

鬼ごっこは、ＡＤＨＤの男の子にルール遊びを教えるにはいい教材だと思います。鬼に走り回っている男の子を捕まえさせます。今度はその子を鬼にして、**保育園の先生が手をつないで**だれかを捕まえます。「さあ、今度は○○ちゃんが鬼よ、逃げて」と言って、また自由に走り回らせます。この繰り返しの中で、だんだんルールに従う行動を教えていきます。少しルールを守る行動がでてきたら、ほかの遊びにも広げていきます。

⇩**刺激般化　P161**

知的発達に遅れがなければ、この子が関心のある遊びを中心に教えていけば、あんがい早く学習できるかもしれませんよ。

一人でルールを無視して遊んでしまう場合。

鬼ごっこをして、鬼役の子にその子を捕まえさせる。

鬼になった子と先生が手をつないで友だちを追いかける。

別の遊びでも友だちと手をつないでグループに参加できるようになる。

Q13 理由は分かりませんが、友だちや先生の手をつねってしまいます

5歳の女の子で少し発達に遅れがあり、専門家からASDの疑いもあると言われています。最近、保育園で友だちの手をつねる行動が見られるようになり、怖がられています。親愛の気持ちを表そうとしているのかもしれませんが、ときどき先生の手をつねることもあるそうです。理由が分からないので対応に困っています。

A つねろうとしたら握手という行動に置き換えます

つねるという行動が、親愛の気持ちを示そうとしているのか、そうではないのかは分かりません。そのことをあれこれ詮索するよりは、いずれにしろ、つねるのはよくない行動ですから、やめさせなくてはなりません。

つねろうとする行動が見られたら、つねる前に制止し、つねらなかったことを**「いい子だね」**といった言い方でほめてあげます。

⇩**分化強化　P154**

「つねる」ということばの意味が分からない場合はもちろん、分かっている場合も**「つねらないで、いい子だね」**とは言わないほうがいいでしょう。子どもが「つねる」ということばに気を取られるおそれがあるからです。

毎回つねる前に制止するのは、かなり難しいかもしれませんが、よく観察し、つねろうとしたらすかさず子どもの手を握って「握手、握手で、こんにちは」などと言って手を放します。この方法は、先生がつねられそうな場合は簡単にできますが、友だちがつねられそうなときは、先生がすかさず捕助します。そして、友だちにもこの方法を覚えてもらって、徐々にやってもらうように指導しましょう。これは、望ましくない行動（つねる）を、似ているけれど望ましい行動（握手）に置き換えてほめるという方法です。

友だちをつねってしまう場合。

つねる前にすばやく制止する。

その手を握手に変える。

いっしょに「握手、握手でこんにちは」と歌う。

Q14 落ち着きがないのですがＡＤＨＤでしょうか？その場合どのように指導したらよいですか

もうすぐ小学生になる男の子です。小さいときから動きの激しい子で、落ち着きがありません。幼稚園では集団行動がとれず、先生の話を座って聞くこともできないようです。最近、ＡＤＨＤということばを聞きますが、この子もそうなのでしょうか。専門医を受診したら、落ち着きのない行動は収まるものでしょうか。

A まずは余計な刺激のない場を設けてみましょう

ＡＤＨＤかどうかの判断は難しく、診断は専門医に任せなければなりません。また、子どもは小さいうちは、多かれ少なかれちょこちょこ動き回るものです。この子の場合、ご質問の情報だけでＡＤＨＤと判断することはできないと思います。

Ｑ11でも少し述べたように、人間は集中して見たり聞いたりすると、視覚刺激や聴覚刺激に対応する脳の領域の細胞が興奮します。それと同時に、必要な刺激以外の刺激には興奮が起こらないように抑制されます。パーティー会場などで、話相手の声を聞き分けられるのはそのためです。

また、人間には、ある刺激に対応する興奮過程が起こったら、それ以外の刺激には制止過程が働くことによって、興奮過程が拡散せず、ますます集中するような機能があります。例えば、子どもが夢中でテレビを見ていると、お母さんが「ご飯ですよ」と呼んでも聞こえない。あるいは、わたしたちでもテレビを見ながら電話をすると、テレビの内容が分からなくなったり、反対に電話の受け答えがうわの空になったりします。

この興奮と制止の働きは、子どもから大人に成長する中で、興奮過程が先に発達し、成長とともに制止過程が追っかけて発達、やがて興奮過程と均衡が取れるようになります。

小さいとき、ちょこちょこ動き回っていた子どもが、だんだん落ち着いた行動がとれるようになり、小学校に入学するころには、40分くらいの授業なら座っていられるようになるのは、このような脳の成長と働きによるのです。

多動な子どもは、制止過程が興奮過程より弱いために、教室で隣の子どもの動きや廊下を通る人、パトカーの音などに絶えず気を取られ、先生の話が耳に入らなくなってしまうのです。前述のとおり、多動といわれる行動も、多くは加齢とともに収まっていきますが、いつまでも興奮過程の優位が続くと、その間、発達や学習に悪い影響を与える恐れがあるので、ひどい場合はなるべく早く落ち着いた行動がとれるようにする必要があります。

医学的な療法が必要ない場合でも、最初は余計な刺激のない場所で個別に指導し、徐々に余計な刺激があってもそれを自分の脳の働きで抑制できるように、**スモールステップ**の個別指導計画を作ることが必要な場合もあります。

⇩**スモールステップ　P160**

最近の特別支援学級では、周りの刺激がさえぎられるよう工夫された学習机を使ったり、教室の隅をパーテーションで囲って個別指導をしたりしています。おうちでも一定時間、余計な刺激のない特別な場を設けて、毎日少しずつでも個別指導ができれば、かなり効果があるでしょう。

Q 15

お菓子を買ってと泣きわめくので結局買ってしまいます

ASDと診断された、5歳の男の子です。お菓子売り場の前を通るたびに、買ってくれと駄々をこね、しまいには地面に寝転んでわめきます。しかっても効果がなく、わめき声がとても大きくて店の人にも迷惑をかけるので、結局買ってしまいます。これではいけないと思いつつも、どうにもなりません。なんとかならないでしょうか。

A 徹底的に知らん顔をして、買ってもらえない経験を重ねます

お子さんはこれまで、何度か泣きわめけばお菓子を買ってもらえるという体験をしているので、泣きわめけば、また買ってもらえると思っています。まずは、そうではないということを学ばせる必要があります。そこで、お菓子売り場の前でお子さんが駄々をこねても取り合わず、手を取ってさっさとお菓子売り場の前を通り過ぎてしまいましょう。こうすることにより、泣いても無駄ということを学習して、駄々をこねなくなります。

このとき、「後で買ってあげるから」「がまん、がまん」などと言うのは、**逆効果**です。もしも、後でお菓子を買ってあげないと、お母さんの言うことすべてを信用しなくなってしまいます。

とにかく、お菓子売り場のほうを見たりせず、

前を向いてさっさと通り過ぎます。これをお菓子売り場の前を通るとき毎回繰り返していると、そのうち駄々をこねなくなるでしょう。

⇩消去　P157

お腹や歯が痛いのであれば別ですが、訳もなくぐずぐず・めそめそする場合は、**知らん顔**をしていれば、だんだんしなくなります。下手に「よし、よし、いい子ね。泣かないのよ」などと声をかけると、ぐずればお母さんの関心を引けるので、かえってぐずぐず、めそめそするようになることがあります。

難しいのは、電車の中などでぐずぐず言い始めたとき、周りの人の目を気にして、知らん顔を続けにくいことです。何回か知らん顔をして、困った行動が少し収まったときに1回でも「泣かないの！」などと声をかけると、それまでの努力が水の泡になってしまいます。こんなときは、次の駅までなんとか知らん顔を続け、降りるときに周りの人に一声「すみませんでした」などの声をかけて降りるとよいかもしれません。

なお、この方法は教室で子どもを静かにさせるときにも使えます。授業中にふざけたことを言ったりしてみんなを笑わせる子どもを、少し度が過ぎるからふざけないようにさせようというときは、みんなが知らん顔をし続ければふざけなくなります。しかし、一人でもクスリと笑ったら効果がありません。そこがこのやり方の難しい点です。

Q16 いたずらが激しくて困っています。たたいてでもしかったほうがいいでしょうか

4歳のADHDの疑いがある男の子です。いたずらが激しく「いけません」「やめなさい！」といくら言っても聞きません。むしろ、わたしが怒れば怒るほどおもしろがって、かえってやるようになりました。これまではことばでしかっていましたが、わたしが本気で怒っているということを伝えるためにも、たたいてでもしかったほうがいいのでしょうか。

A 一番いけないのは注意しても結局見過ごすことです

お子さんは、どんないたずらをするのでしょうか？　ガス栓を開けたり、物を投げて壊したりといった見過ごすことのできない行動の場合は別ですが、机の上に登ったり、おもちゃを次々に箱から出して散らかしたり、本を破いたりといったいたずらなら、しからずに、**知らん顔を続ければい**たずらを減らせます。

⇩消去　P157

この年ごろの子どものいたずらは、親の気を引きたいためにすることも多いからです。いたずらをしてもお母さんの気を引けないことが重なれば、いたずらをしなくなります。

一番いけないのは、「机に乗ってはだめ！」「散らかさないで」などと言って、結局子どもがやる

のを見過ごしてしまうことです。言った以上は、断固としてやめさせなくてはなりません。一番いいのは、やる前に制止することですが、それができなければ何も言わないほうがいいのです。

机に乗るのが危険なら、子どもを抱き上げて机から降ろし、「いい子ね」とほめます。「机に乗らなくてえらいね」という言い方をしてはいけません。「机に乗る」ということばに注目し、**一層その行動をとってしまう**おそれがあります。

おもちゃを散らかしたら、後で子どもといっしょにおもちゃ箱にしまい、「お片づけできてえらいね」と言ってほめてあげましょう。本を破いてもあまりしからず、いっしょにセロハンテープで修復して「これで読めるようになったね」とほめて終わりにします。

見過ごすことのできない危険な行動は、制止し、しかることが必要ですが、その事例はQ18で取り上げます。

ちょっとしたいたずらにもしかってばかり。

ダメ！と言いながら、そのままやらせてしまうのはよくない。

知らん顔を繰り返す。

歌を歌うようにいっしょに片づけし、終わったらほめる。

Q17 丸刈りの頭の手触りにこだわりがあり、知らない人にも抱きついてしまいます

3歳を過ぎたころにASDの診断を受けた中学校1年の女の子です。小さいときから、ビロードや枕のフリルなどの手触りにこだわりがありました。その後、丸刈りの頭を触る行動が出てきて、中学生になってからは丸刈りの人を見かけると、知らない人でも抱きついて頭を触ろうとします。年ごろになり、トラブルに発展しないかと心配です。

A 抱きついてしまったらごほうびを取り上げるルールづくりを

ＡＳＤの子どもには、くるくる回るものに強い執着を示したり、物事の順序が同じでないとパニック状態になるなど、偏った行動が見られることがあります。

相談を受けたこのお子さんは、乳母車に乗せて散歩するときに、同じ道でないとパニック状態になるなど、ＡＳＤの特徴が早くからはっきり出ていました。

手触りに対するこだわりも強く、ビロードや枕のフリルが好きで、げたやサンダルを履いた人のそばへしゃがんで鼻緒をこすったり、見知らぬ丸刈りの男性に抱きついて、頭をなでたこともあります。

このこだわりを消すために、特別支援学校の全

教職員に協力してもらって次のような方法をとりました。毎日、この子が大事にしている特別な「おはじき」（これもＡＳＤの特徴の現れかと思いますが）を5個小袋に入れて首に掛けて登校させ、丸刈りの男の子に抱きついたら即座におはじき1個を**取り上げ**てもらいました。

⇩**レスポンス・コスト　P156**

そして帰宅後、おはじきの残った数で彼女の好きな音楽ＣＤを聞く時間を調整しました。これにより、数週間で抱きつく行動は全く見られなくなりました。

⇩**正の強化　P148**

精神分析の立場では、このような対症療法では心の奥にある原因を除くことはできないので、別の問題行動が出てくるおそれがあると言うかもしれませんが、この事例では、そのような代理症と見られるような問題行動は起こりませんでした。

少し手の込んだ方法でしたが、ＡＳＤの子のこだわりをやめさせたいときの参考にしてください。

枕のフリルをしきりに手でこするなどこだわりがある場合。

丸刈りの男の子に抱きついたら、その子の宝物を1個取り上げる。

家に帰ってから、残っている宝物の数に応じて音楽が聞ける。

抱きつくことがなくなった。

Q18 熱いやかんに手を出したりする危険な行動をやめさせたい

小さいときから動きの多い子どもでしたが、このごろ走れるようになったので、部屋の中を駆け回り、熱いやかんに手を触れようとしたり、ガス栓を勝手にひねろうとしたりして、少しも目が離せません。先日は、ベランダの手すりを乗り越えようとしていました。大けがをする前になんとかやめさせたいのですが、いい方法はありますか。

A 「消去」「ごほうびを取り上げる」という方法があります

望ましくない行動をやめさせるには三つの方法があります。一つは「**消去**」（しかったりしないで知らん顔をし続けること）。二つめは、望ましくない行動のたびに**ごほうびを取り上げる**方法。

例えば、友だちと二人で仲よく遊んでいたのに、突然おもちゃの取り合いが始まったような場合、即座におもちゃを取り上げます。これを3、4回繰り返すとおもちゃの取り合いをしなくなります。

⇩罰Ⅱ（レスポンス・コスト）P156

そして、三つめに「**罰**」を与えるという方法があります。

⇩罰Ⅰ　P153

しかし、「罰」を与えることは、最終手段にして、なるべく「消去」「ごほうびを取り上げる」方法を試してください。

さて、ご質問の場合は、放っておけば大けがにつながりかねないので、すぐにやめさせなければなりません。どうしても「罰」を使わなくてはならないでしょう。

やかんに手を触れたり、ガス栓をひねったり、ベランダの手すりにのぼったりといった行動は、やる前に何が何でも制止しなくては大変なことになります。おうちの人が気をつけていて、やりそうになったら力ずくでも制止し、「だめ！」「いけません」と厳しく言います。しばらくもがいていてもやがておとなしくなったとき、解放すると同時に「お母さん（お父さん）の言うこと聞けてえらいね」とほめます。これが重要です。決して**しかりっぱなしにしない**で、最後はほめて終わることが大事です。

いつもお子さんの行動を見守るのは大変ですが、やけどをしたり、大けがをしたりしてはもっと大変です。家族全員で、協力して取り組んでください。

煮えたぎったやかんに触ろうとしたら、強く制止する。

もがいてもおとなしくなるまで抑える。

おとなしくなったら手を離してほめる。

何回か繰り返していると、やらなくなる。

Q19 時間のスケジュールがずれてもパニックを起こさないようにしたい

ASDと診断された6歳の女の子です。起床は6時、洗顔は6時半、食事は7時とスケジュールがはっきりしており、時間が少しでもずれるとパニックを起こします。時間がずれても落ち着くようになる方法はありますか。

A 少し待つという行動ができるように教えます

わたしが相談を受けたASDの女の子（Q17の事例）は、母親の報告では、まだ歩けないころから、乳母車で散歩する道順が少しでも違うとパニックを起こしたそうです。その子は36色の色鉛筆を一定の順序で並べて箱にしまわないと気が済みませんでした。

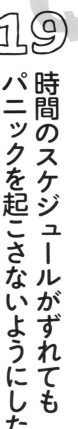

ドイツの哲学者カントは、毎日時間どおりにきちんと散歩をし、町の人たちはカントが通ったことで時刻が分かったそうです。

時間どおりにきちんとしたスケジュールでの生活は、必ずしも悪いことではありませんが、程度問題というか、それに固執するようだと融通性のない窮屈な生活になってしまいます。環境の変化に臨機応変に対応できるようにしていく必要があります。

⇩反応般化　P161

まず、**少しの時間待つ**という行動を教えてはいかがでしょうか。最初は食事のときなどに10数えるまで待たせるところから始め、少し待てるようになったら食卓に時計を置いて（場合によってはタイマーを使って）、「後3分、長い針がここまで来たらご飯ね」、さらに「今日は特別おいしいごちそうを作っているから5分待ってね」とだんだん時間が少し遅れても早くなっても気にしないようにしていきます。

⇩漸次接近　P160

時計を二つ用意し、少し時間を違えて（5分くらい）両方見えるところに置いてみても待つことができるか様子をみましょう。

いずれの場合も、待ったことに対してしっかりほめてあげることを忘れないように。

ご飯ができるまで待つことを教える。

食べる前に10数えて待たせる。

待てたらしっかりほめる。

時計を使ってさらに待てるようにする。

Q20 学校の先生から、離席行動が激しいので家庭でしつけるように言われました

小学校2年の男の子ですが、担任の先生から、「授業中、席を離れて遊び歩くことが多くて困っています。家庭できちんとしつけるように」と言われました。家でも多少、多動ですが、それほどひどいとも思いません。学校の先生になんと説明したらいいでしょうか。また、家庭でどのようにしつけをしたらいいでしょうか。

A 一定時間、親子で課題に取り組む時間をつくりましょう

Q14で述べたように、小さな子どもはあれこれ探索して、多かれ少なかれ多動なのが普通です。幼稚園から小学校に上がるころには、脳の興奮と制止の働きがだんだん釣り合ってきて、小学校低学年では40分、中学では50分の授業時間でも席に座って受けられるようになります。お子さんの場合は、ADHDというような激しい多動ではないようですから、そのうちもっと落ち着いて授業を受けられるようになると思います。

ただ、授業中遊び歩いていては学習が進みませんし、周りの子どもにも迷惑をかけることになりますから、早く落ち着いて学習できるようにしたほうがいいことは確かです。

小学校低学年の子どもの授業中の離席行動につ

いて、アメリカで行った研究があります（マドスンらの研究 P155）。その結果、離席行動を先生が注意すればするほど離席する子どもが増え、反対に離席行動には知らん顔をして着席行動をほめるというやり方が、**一番効果があった**そうです。

⇩消去 P157、分化強化 P154

家庭では、毎日学校から帰ったら、周りに子どもの注意を引くものがない場所で、お母さんとお子さんが向き合って一定時間課題（例えば、学校の宿題など）に取り組む時間をつくってください。はじめはやさしい課題を短い時間から始めて、お子さんの様子を見ながら、課題を少しずつ難しくし、学習時間も長くしていきます。

⇩漸次接近 P160

その場合、お子さんに効果のあるほめ方を必ず考えて実行してください。**⇩正の強化 P148**

学校で、授業中に席を離れて遊びだす。

離席しても知らん顔。着席したらほめる。

家庭では、毎日決まった場所でいっしょにやさしい課題を始める。

子ども一人でも学習させ、お母さんは少し離れたところで別のことをする。

Q21

勉強についていけなくなって不登校になってしまいました

LDの疑いがあると言われた女の子です。小学校4年になってから不登校が始まりました。本人に話を聞くと、黒板の文字をノートに写すことができず、勉強についていけなくなったといいます。はっきりとは言いませんが、クラスでいじめにもあっていたようです。担任の先生にどのように相談したらよいでしょうか。

A

少しでも学校が楽しくなるよう先生と相談を

不登校の原因にはいろいろあるのでしょうが、**学校が楽しくない**ことに一番大きな原因があるのではないでしょうか。学習についていけない、先生や友だちにばかにされる、いじめられる、仲間はずれにされる、ということであれば、学校に行きたくなくなるのはむしろ当然でしょう。

⇩**負の強化　P152**

不登校を解決するためには、不登校を罰するのではなく、学校を子どもたちにとってもっと楽しい場にすればいいのです。

⇩**正の強化　P148**

今の日本の学校教育ではなかなか難しい面がありますが、できないことではありません。

フィンランドが学力調査で世界一になったそう

ですが、女性の教育大臣がどうすれば学力を上げることができるかと聞かれて、「学校を楽しくすることです」と答えていました。

わたしが昔、中学生年齢の知的障害の子どもを教えていたとき、小学校ではほとんど不登校だったのに3年間無欠席で卒業した生徒がいました。それも日曜、祝日も休まなかったのです。何がその子にとって魅力だったかというと、学校で飼っているヤギの世話をさせたことでした。ヤギは日曜も祝日も餌をやったり水を換えたりしなければならないということで、毎日学校へ行ったのです。

こんな楽しい学校は、お子さんには間に合いませんが、少しでも学校を楽しくするように、担任の先生とはもちろんのこと、校長先生やスクールカウンセラーの皆さんとも相談してください。

そして、お子さんには、ステップ・バイ・ステップで徐々に学校に近づけ、必要なら保健室登校のような方法を考えて、少しでもクラスで楽しい時間がもてるように考えてください。

Q22 点頭てんかんで発作を繰り返しています。どんな育て方をすればよいですか

1歳半の男の子で、点頭てんかんという診断を受け、日に30回以上の発作を繰り返しています。まだ歩くこともできないのですが、家での育て方についてアドバイスをお願いします。

A てんかんの治療をしてから、早期教育プログラムを受けましょう

てんかんにはいくつかのタイプがありますが、点頭てんかん（ウエスト症候群）は、難治性のてんかんの一つといわれています。てんかんの発作が続けば脳機能がだんだん低下していきますから、てんかんの治療を最優先します。そのうえで、お子さんの場合は1歳半で一人歩きができなければ、理学療法も必要かもしれません。いずれにしても、専門医や理学療法士に相談のうえ、進めてください。

医療や理学療法を受けながら、おうちで育てることは可能です。**適切な教育や訓練**によって治療の効果が上がったという例もあります。わたしが相談を受けたこのお子さんは、日に30回以上発作を起こしていましたが、点頭てんかんの専門医が

いる病院に母子で入院して治療した結果、3か月で全く発作が見られなくなりました。その後ポーテージプログラムという、わたしが行っている早期教育プログラムで育て、7歳のときには知能指数（IQ）が126になり、学業成績もクラスのトップになりました。友だちもたくさんできて、楽しく学校生活が送れるようになったそうです。

別の子どもも、2歳くらいのときに脳波に異常波が見られ、発達の遅れと多動傾向があり、入院治療しました。その後発達の遅れを取り戻し、特別な相談を継続する必要がなくなった例もあります。この場合も、上手なほめ方をおうちの人に学んでもらったことが、発達を促進するのに効果的だったと考えています。

てんかんの発作を目にすると、とても不安になると思いますが、適切な医療と療育で、上手に育ててあげてください。

まずは専門家に相談。

服薬などしながら、家庭で早期教育をする。

家庭での早期教育の効果がでてくる。

医療で発作が止まる。

Q 23

ダウン症の女の子です。わがままになってきたのを直したいのですが

ダウン症の女の子です。4歳になりますが、3歳ごろから強情になることが多くなり、「いや」と言ったらてこでも動きません。今は家庭の中のことで納まっていますが、来年から幼稚園に通わせたいので、このようなわがままを直したいと思っています。どうしたらいいでしょうか。

A 知らん顔をして、自発的にできたらほめてください

どんな子どもにも素直な面と強情な面がありまず。お嬢さんの場合も、あまりダウン症だからというように考えないで、強情な面が少し強い子ぐらいに考えたほうがいいでしょう。

さて、やらせようとした行動が、放っておいてもあまり問題ない（危険ではない）ようなものであれば、相手にしないで**しばらく知らん顔**をして、その後、自発的にやったらおおいにほめてあげてください。「いや」と言ったのに対し、「やりなさい」と強制しておいて結局はやらないで済ませてしまうのが一番いけません。⇩消去 P157

まだ4歳ですから、どうしてもやらせなければならない行動なら、お母さんが何にも言わずさっさと手伝ってやらせ、やり終わったときにほめて

あげます。

⇩正の強化　P148

もう少し大きな子どもの例ですが、ダウン症の男の子がキャンプで食事の時間に何か気に入らないことがあって、外に出てすねていました。その子は犬が大嫌いだったので、しばらくして、わたしが外へ出てから子どものほうは全く見ないで、「だんだん暗くなってきたなぁ。この辺は犬がたくさんいるからなぁ」と子どもに聞こえる程度の声でつぶやいて引き返したら、2、3分もたたないうちに子どもが戻ってきたという経験があります。

何かをやらせようとしても「いや！」と言ってやらないような場合。

黙って子どもの手を取り、いっしょにくつ下をはかせる。はけたらほめる。

補助を少しずつ減らす。はけたらすぐにほめる。

自分ではくようになる。

Q24 3歳になっても話すことができません。ことばの発達を促すよい方法はありますか

3歳の男の子です。首がすわったのが生後6か月、お座りができたのが10か月と発達が遅く、3歳になってやっと一人歩きができるようになりました。しかし、ことばは今でも「あーうー」など喃語《なんご》だけで、かなり遅れているように思います。ことばの発達を促すよい方法を教えてください。

A 運動の発達を促しながらことばの発達につなげていきましょう

ことばに限らず、発達には個人差があります。標準から少し発達が遅れていても、やがて遅れを取り戻す子どももたくさんいます。わたしが相談を受けたこのケースでは、3歳近くになっても全く発語のなかったお子さんで、その後の早期教育で急速に言語が発達し、後の知能検査では、知能指数が122になった子どももいます。

ご質問のお子さんの場合は、運動の発達も全般的に遅れているようなので、知的発達の遅れに伴うことばの遅れと考えたほうがいいでしょう。このように、運動の発達とことばの発達は連動していますので、ことばの発達を相談する場合は、運動の発達と合わせて専門家に相談してください。

さて、ことばの発達には、「**まねすること**」と

「**指さし**」ができることが、重要な関係にあります。なんとかことばを言わせようとするよりは、ことばの発達を支える周辺の発達（運動の発達）に目を向けてください。

例えば、バンザイ、パチパチ（拍手）、バイバイなどをお父さんにも参加してもらって、身体的援助をしながら、ときには鏡を見せながら、まねができるようにしてください。また、絵本をいっしょに見ながら「ワンワンは？」と聞いて、お母さんが手を添えてイヌを指さしして、だんだん補助を少なくすることも試みてください。

最初は補助してあげる。

できたらほめる。たまたま音が出たら強くほめる。

「ゾウさん」の音声模倣ができたら、「ゾー…」「ゾ…」と補助を減らす。

ゾウを指さすと「ゾウさん」と言える。

Q25

突然、吃音《きつおん》になりました。早く治ってほしいのですが……

3歳の男の子ですが、最近、急に吃音になりました。言い直させても治りません。突然のことで戸惑っています。夫も小さいとき一時的になったそうですが、まもなく治ったので「そのうち治るから放っておけ」と言います。しかし、もうすぐ幼稚園に入れようと思うので、早く治ればと思うのですが……。

A 子どもが言おうとしたことを繰り返してあげてください

吃音の出やすさには、遺伝的な面があるようです。女の子より男の子に多いのも、それと関係があるのかもしれません。父親も子どものときになったという話をよく聞きます。

吃音にもいくつかのタイプがあるようですから、特にひどい場合は専門家に相談したほうがいいと思います。しかし、わたしが相談された事例では、4、5歳までにほとんどが改善されました。

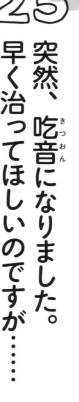

なぜ、発達の途中で吃音が出てくるのか。それは、「聞く」と「話す」の発達にずれがあることが一因です。

ことばの刺激は、まず脳の聴覚中枢に伝達されます。そこで言語だけが分離されて近くの受容性言語野に送られ、そこで処理されてから前頭葉に送られます。前頭前野で内言による思考過程を経て、今度は運動性言語野に送られ、そして表現言語（外言）として発語されるのです。

このような大変複雑な過程を経て「聞く」「話す」能力は発達するわけですが、先の説明からも分かるように、「聞く」力がまず発達し、「話す」力が少し遅れて発達します。聞いた内容に見合う話しことばが出てこなくて吃音が出ると考えると、言語が急速に発達して、二語文、三語文が話せるようになる時期に吃音が始まることは、納得できるのではないでしょうか。

もう一つよくあるのは、下に弟か妹が生まれた時期と重なることです。今までのように親の愛情を独占できなくなったことで、情動的に不安定になり、吃音につながるということです。

大事なことは、お子さんが吃音になっても、決してしかったり、しつこく**言い直しをさせたりしない**ことです。子どもは主に母親の話しことばのリズムをまねて話しますから、吃音が出たら、お母さんが一度だけ優しく、しかしはっきりと、正しい言い方で子どもが言おうとしたことを繰り返してあげてください。この場合は、子どもがその後正しく言えても、うなずく程度であまり大げさにほめないほうがいいと思います。子どもが気にしないで、普通に話せるようにすることが大事です。

また、弟か妹がいる場合は、忙しいとは思いますが、なるべく上の子もそれまでと同じようにかかわってあげてください。

なお、吃音はいっぺんによくならず、よくなったり、悪くなったりと多少の波があって、少しずつ改善されていきます。

Q 26

ごほうびをあげてほめていると、それがないと何もしない子になりませんか

5歳のＡＳＤの男の子ですが、ことばでほめても効き目がないので、その代わりにクッキーをあげています。効き目があるように思いますが、クッキーをもらわないと何もしない子になりはしないかと心配です。また、いちいちお菓子をあげるのは、動物の餌付けのような気がして気が進みません。

A

ことばでほめるといった社会的なごほうびに置き換えできます

動物には動物の行動の法則があります。行動分析学の創始者スキナーは、実験室でネズミやハトを使って、動物の行動の法則を自然科学と同じ厳密な方法で見つけ出しました。

人間も動物ですから、ネズミやハトの行動の法則は当てはまります。その意味で、望ましい行動に対してごほうびをあげるということは、動物の餌付けと同じ行為になります。

しかし、同じ動物でも人はサルやイルカと違う部分があります。それは、脳の構造・機能がはるかに精密に発達しているということです。これにより、当然、動物とは違った行動が見られます。

さて、ご質問に話を戻しますと、ほとんどの場合は、最初はクッキーやジュース、アイスクリー

ムなどの**食べ物や飲み物のごほうび**が必要であっても、やがて、好きなおもちゃで遊ぶ（買ってあげる）、絵本を読んであげる、好きなテレビを見る、ゲームをする、ドライブに連れて行くなど、食べ物、飲み物以外のごほうびに置き換えられ、次には、母親や担任の先生にほめられる、例えば頭をなでる、抱きしめる、「高い高い」をする、うれしいことばをかけるといった社会的なごほうびに置き換えられていきます。**⇩強化子　P158**

応用行動分析学では、すでに、観察・測定可能な行動だけを手がかりに、自然科学と同じ厳密な方法で「思考」「問題解決」「言語」「創造性」といった高度な行動の解明に取り組んでいます。**社会的なごほうびに置き換える**ような高度な行動の学習は、とても餌付けなどとは呼べないでしょう。

ところで、動物と同じように、生まれたばかりの赤ちゃんには、お母さんが笑ったり、ことばをかけても、何の意味もありません。しかし、お腹がすいたときにお母さんが優しくほほえんで歌を歌ったり、ことばかけをしながらお乳を飲ませてくれ、おむつが濡れれば取り替えてくれる、そういう経験を重ねるにつれ、その子にとって母親がなくてはならない大切な人になります。こうして母親にほめられることが大きな力をもつようになるのです。**⇩獲得強化機能　P159**

母親と子どもの交互作用によって、母子の愛情が芽生え育っていくこの過程は、発達の遅れや偏りのある子どもの場合も変わりません。大事なことは、初めはアイスクリームやジュースを使うにしても、必ず母親もしくはそれに代わる人がそばで優しいことばかけをすることです。それを必ず続けると、ごほうびを具体的なものから社会的なものへ早く移行させることができます。

Q27

しかることも効果があると思います。たたいてしかるのも必要なのでは？

ほめることが効果的だということは分かりましたが、「しかる」ことの効果もあるのではないでしょうか。「愛のむち」ということばもありますね。うちの子どもにはことばで言っても聞かないときは、たたいてしかっています。たたくとすぐにおとなしくなるので、ときにはたたいてしかることも必要だと実感しています。

A たたいてしかるのは逆効果になることがあります

しかることはなるべく少なくし、もししかった場合でも、後でほめて終わらせるようにしてください（Q49も参照）。

さて、ご質問の方は、たたいてしかるとおっしゃっています。体罰は法律でも禁止されていますが、「たたいてしかる」ことに効果があることも事実です。

しかし、今では学校、スポーツ界でもたたくことはもちろん、しかることが少なくなり、ほめることが中心になっています。これは、なぜでしょうか。結局、「しかる」ことがあまり効果のないことが分かってきたからです。

⇩罰　P153

罰は確かに効き目があります。問題は、使い続けるうちにその効果がだんだん薄れ、同じ効果を出すためには罰を強くしていかなくてはならない点にあります。つまり、**罰の効果は一時的**なのです。

また、罰が効果的ではないという例として、近年の不登校の増加が挙げられます。学校で、ある先生にしかられるとその先生が嫌いになるだけでなく、ほかの先生も嫌いになり、学校全体が嫌いな場所になるといった副作用が出てくるおそれがあります。不登校にはこういうケースが多いようですね。

⇩**刺激般化　P161**

「愛のむち」ということばがあるように、罰が大きな効果をあげる場合もあります。しかしその場合は、しかる人が、子どもにとってなくてはならない大切な人で、深い信頼関係が築かれているからです。その人からしかられることは、罰ではなくごほうびに転化しているのです。

⇩**獲得強化機能　P159**

しかってもやめない子ども。

効き目がなくなると、ますますきつくしかることになる。

しかった以上はやめさせて、やめたことをほめる。

やらないうちに制止してほめるのが一番よい。

Q28 ほめるところがなくてもほめなくてはいけないのでしょうか

子どもをほめて育てたほうがいいということですが、うちの子どもはほめられるようなことを一つもしません。そんな状態なのにほめたりしたら、これ以上つけ上がるのではないかと心配です。あまりほめたくないと思っても、ほめなくてはならないのでしょうか。

A どんな小さなことでもほめてみてください

まず、ほめるところがないという先入観を捨ててください。どんな子どもにも必ずいいところがあります。望ましい行動をすることがあります。お母さんとしては、「どうしてこんなことができないの」「どうしてこんなことをいつまでもやっているの」といったお子さんの悪い面ばかりが気になるかもしれませんが、当面、それは目をつぶって、少しでもいい行動があったら、必ずすぐにほめてあげてください。

その場合のほめ方は、おざなりではだめです。こんなことができた！ こんなことが分かった！という感動を込めて精一杯ほめてあげてください。

⇩正の強化 P148

「ほめる」ということは、おだてる、おべんちゃらを言う、甘やかすといったこととは全く違います。大げさにというのとも違います。どんな小さなことでも、できたことにお母さん自身が感動してほめてあげることが大事です。

ほめる機会を多くする二つの方法があります。

一つは、できないところを**お母さんが手伝って**あげ、最後のほんのわずかでもお子さんにやらせて、「できた！」と言っていっしょに喜んであげます。あとはお母さんが手伝う部分を少しずつ少なく、お子さんのやる部分を少しずつ多くしていきます。

もう一つの方法は、一つの課題を**細かいステップに分けて**、一歩一歩目標に近づけていくやり方です。

⇩**漸次接近　P160**

ほめられる機会が多くなるとお子さんのやる気が出てくるだけでなく、お母さん自身も「この子もこんなにできるんだ」と、子どもの見方も変わってきますよ。

どんな子にも必ずよい行動がある。それを見つける。

たまたま子どもがおもちゃを片づけたのを見たら……。

すかさずほめる。だんだん進んで片づけるようになる。

食後の片づけを手伝うようになった。

Q 29

言うことを聞かないとついイライラしてしかってしまいます

忙しいときに言うことを聞かないと、イライラしてどうしてもしかってしまいます。でも、結局効き目がないので余計イライラします。よい方法を教えてください。

A しかることを繰り返すと効果がなくなります

しかっても言うことを聞かないのに、しかることを繰り返すのは最悪の方法です。しかることの効果がだんだんなくなっていきます。必ず言うことを聞かせる自信があればしかっても構いませんが、効果がなさそうなときは、じっとこらえて知らん顔をしているに限ります。そして、別の機会に、言うことを聞いたとき、うんとほめてあげてください。根気よく続ければ必ず効果があります。

⇩消去 P157

どうしてもしからなければならないときは、必ず言うことを聞かせ、その後**言うことを聞いたことを**ほめてあげることが大切です。ほめる機会が多くなり、お子さんの望ましい行動が増えれば、お母さんのイライラの回数も少なくなるはずです。

第3章

家庭での上手なほめ方Q&A

～望ましい行動を身につけるには～

Q30
「ほめる」ということは具体的にはどうすることですか

A 頭をなでたり、絵本を読むのもほめること

「よくできたね」「えらかったね」「いい子だったね」といったことばでほめるのは一番普通のほめ方で、よく使われています。

でも、ことばでほめても**効き目のない**子どももいます。年齢が小さければ、ことばでほめてもまだよく分からないかもしれません。あるいはASDの疑いがあると、ことばでの働きかけがほとんど意味のない場合があります。

ことばでほめるだけでなく、頭をなでたり、ほおずりをしたり、抱きしめたりすることが必要な場合があります。

ときには、絵本を読んであげたり、好きなテレビ番組を見せたり、おもちゃを買ってあげたり、遊園地に連れて行ったり、ドライブに連れて行ったりという具体的なごほうびを使ったほめ方が必要な場合もあります。

発達のもっと早い段階、あるいは発達が大きく遅れていたりすると、それでも効き目がなく、お菓子やジュースのような飲み物・食べ物を使う必要がある場合もあります。

⇩**強化子　P158**

Q31 いろいろなほめ方がありますが、どの場合にどれを使ったらいいですか

A 最初は物が必要でも、だんだんことばだけでも十分になります

ほめ方には大きく分けると、「ことばでほめる」「頭をなでたり、抱きしめる」「具体物でほめる」「飲み物・食べ物でほめる」の4種類があります。最初の二つは「**社会的強化**」と呼ばれています。

どんな場合にどれを使ったらいいのかというと、発達の順序からすると、「飲み物・食べ物でほめる」「具体物でほめる」「頭をなでたり抱きしめる」「ことばでほめる」の順番になります。

生まれたばかりの赤ちゃんにとって「ことばでほめる」は、意味がありませんね。しかし、お腹が空いたときにお乳を飲ませてくれながら、優しいことばかけをしたり、子守歌を歌ったりすることで、子どもにとって母親や世話をしてくれる人が特別な意味をもつようになります。

その次には、ジュースやお菓子をあげる、絵本を読んであげたりなど、具体物による強化が必要になります。その場合も「頭をなでたり抱きしめる」「ことばでほめる」ことは、必ずいっしょに与えていますね。これが大切です。

最後に母親などの社会的強化が次第に効き目をもつようになり、やがて社会的強化だけで十分効果が出るようになります。

Q32 発達に著しい偏りがある場合は、ほめ方にどんな工夫が必要ですか

A その子にとってのごほうびを探します

社会的強化がほとんど効き目のない場合、おもちゃなどの具体物、さらにはジュースやお菓子をごほうびに使わなければ効果のない場合があります。しかし、お菓子のたぐいは嫌いで口にしない子の場合には、特別な工夫が必要になります。

子どもは一人ひとり違いますから、飲み物・食べ物の中でも好みがあり、おもちゃでも特別お気に入りのものがあったりします。アイスクリームは子どもの好きな食べ物の一つですが、嫌いな子もいます。お風呂の好きな子もいれば嫌いな子もいます。子ども一人ひとりの今の発達段階で、一番効果のあるごほうびを探さなくてはなりません。

子どもの日常の行動をよく観察して、これはと思うものを探し出し、それを試しにごほうびに使ってみて、**効果をテスト**します。効き目があればそれをごほうびに使います。

この手続きは、発達に偏りのある子どもの場合も同じです。ただ、ごほうびを出す順序が反対だったり、思いがけないものに効き目があったりします。ぼろ布を裂くことや童謡の『おもちゃのチャチャチャ』を聞かせることが強い強化子になった例などがあります。

⇩**強化子　P158**

Q33 望ましい行動に対してほめることは確実に効果がありますか

A 効果があるかどうかは試してみないと分かりません

子どもの望ましい行動にこのほめ方を使ってみようと決めたら、その行動に対してはしばらくそのほめ方でほめてみて、子どもの行動が強められるようなら、そのほめ方は効果があることが確かです。変わらなかったり、かえって弱められるようなことがあれば効果がないということになります。効果がないと分かったら**別のほめ方**を探して試してください。

どんな子どもでも必ず効果のあるごほうびがあります。うまくそれを見つけて、なるべく早く、普通のほめ方（社会的強化）で十分効果がある段階に到達するようにしていきましょう。

Q34 見逃さないで、毎回、行動の直後にほめることが大事というのはなぜですか

A 効果が高いことが実験で確認されています

見逃さないで、毎回、行動の後に時間をおかないでほめることが、効果に大いに関係があることは、ネズミやハトを使った動物実験で確かめられていますが、「なぜ」という質問に答えるのは容易ではありません。最近の脳科学では、ドーパミンの働きだという研究発表も見られますが、今のところは、「なぜ」かはまだ分からない……ということになります。

ネズミがてこを押すたびに、毎回餌皿に餌を出すのと、ときどきしか餌を出さないのでは、てこ押し行動の学習のスピードが大きく違います。

⇩連続強化　P151

スキナーのハトを使った実験では、壁の明るい丸窓をくちばしでつつく行動をブザーと餌で学習したハトに、今度は即時ではなく20分の1秒（わずか20分の1秒ですよ！）遅れてブザーを鳴らしてみたら、ハトが首の前進運動ではなく、反対の後退運動を示すようになったという有名な研究があります。ブザーが鳴ったときにはハトは丸窓をつつき終わっていて、首を後退させていたときだったのですね。

つまり、強化と**時間的に一致した行動**が最も強

められたわけです。子どもの学習は、少し強化が遅れてもそれなりに学習が成立しますが、連続即時強化を心がけるだけで、学習の成果は大きく違うことは確かです。

⇩**オペラント随伴性　P145**
⇩**即時強化　P151**

Q35 毎回、見逃さずにほめることを家庭で完全に実行するのは難しいのでは

A しばらくすると毎回でなくても効果が出てきます

1回も見逃さないためには、だれかが必ず子どもの行動を見ていなくてはなりませんし、即時といっても1秒も遅れないで、というのではほとんど不可能です。効き目は少し遅くなるでしょうが、できるだけ心がけるということでやるしかないでしょう。

はじめは少し大変でも、しばらくすると、毎回ではなく3回に1回、また即時でなく少し遅れても同じ効果を維持できるようになります。やがて100回に1回でも、あるいは一日の終わりにまとめて強化しても効果が維持できる場合もあります。このほうがよほど効率的ですね。

強化を間引く場合も、5回ごとに1回というように、決まった回数ごとに間引くやり方と、平均は5回に1回だが、あるときは3回に1回、次は7回に1回というように、不定回数のやり方があります。強化スケジュールといいますが、要は身につけた行動が弱くならないで、維持されていることを確かめながら間引くわけです。

いずれは間引いた強化でも効果が持続するのですから、最初はがんばって、なるべく連続即時を心がけてください。⇩**強化スケジュール　P157**

Q36 着替えが一人でできません。ほめるにはできるまで待つほうがいいですか

A 待つだけでなく具体的な補助も必要です

できるのを待つのではなく、少しでも早く、一人でできるような工夫が必要です。

パジャマを脱ぐのにボタンを外さなくてはならないとき、一番下のボタンなら一人ではずせるというなら、上のボタンはお母さんが外し、最後のボタンだけ**子どもにやらせます**。そして、できたときにすぐほめてあげます。脱いだパジャマでボタンを外す練習を訓練として、あまり強制しない程度にやることも一つの方法でしょう。

歯磨き、洗面、食事、排泄、あいさつなども、ほんの少しでもできることがあれば、それを子どもにやらせて、後は援助・補助し、だんだん子どもができる部分を広げていきましょう。最終的には、補助なしで子どもが自分で全部やれるようにしていきます。

援助は、多すぎても少なすぎてもいけません。必要なだけ援助をして、だんだん援助を少なくしていくわけです。

⇩**漸次接近　P160**

Q37 ○や△を描いたりできるように援助・補助するにはどんなやり方がありますか

A 視覚的・言語的援助を使うこともあります

身体的援助のほかに、お母さんがお手本をやってみせる（モデルを示す）などの視覚的援助や「手でしっかり持って」など、ことばかけをする言語的援助があります。

例えば、「○を描く」ことを教える場合、子どもの鉛筆（クレヨン）を持った手にお母さんが手を添えて誘導するのは**身体的援助**です。また、お母さんが○を描いて見せて子どもにまねさせるのは**視覚的援助**、「ハイ、グルグル、もう一つグルグル」と言って励ますのは**言語的援助**です。必要に応じてそれらを使い分けてください。もちろん、これらの三つの援助を組み合わせて使う場合もあります。

視覚的援助や言語的援助を使う場合も、最初は必要なだけたくさん援助し、少しずつ援助を少なくして、最終目標に近づけていくやり方は同じです。

Q38 できていたことが日によってできないときは無理にやらせるべきですか

A 援助をして完遂させ、最後は必ずほめます

まず体調などのチェックをしてください。体調は悪くないのに、その日の気分でやろうとしないようであれば、やれないことをしかったりせず、「がんばって」「もう少しよ」などと励まします。

それでもやれそうもなかったら、無理やりやらせずに、援助をもう一つ前の段階まで戻して、とにかくその行動を完遂させます。ほとんどお母さんがやるようなことになってもあくまでお子さんがやったということで、「できた！　えらい！」と言って**ほめて終わり**にします。よほどのことがない限り、中途半端で終わらせないように。

そしてその場合でも、最後の少しだけはなるべく子どもにやらせ、終わった直後に必ずほめることを忘れないでください。

「やりなさい！」と強く言って、結局子どもに負けてやめてしまうと、「やりなさい」という指示が、だんだん効き目をなくしてしまいますから気をつけてください。

Q39 いつもほめてばかりいると、ごほうびがないと何もしなくなりませんか

A ことばなどの強化に置き換えていきます

確かにその危険性はあります。いっさい強化を受けない行動は、だんだん弱くなっていきます。ですから、最初にお菓子をごほうびに使って子どもがある行動をやるようになったら、その行動が弱くならないように、その行動を維持するための何らかのごほうびが必要です。

ただ、そのごほうびには、前に述べたようにいろいろな種類がありますから、お菓子の代わりに絵本やおもちゃとかお小遣いのようなごほうびに置き換えていき、さらにことばでほめるといった**社会的強化**に置き換えていきます。幼児にチョコレートは効き目があっても、小学生、中学生になれば、あめ玉よりゲームソフト、小遣いの増額のほうがずっと効果があるかもしれません。

もう一つは、同じごほうびを使うにしても、だんだん間引いていという間欠強化の方法も考えてください。

⇩**間欠強化　P157**

Q40 ほめるときはできるだけ大げさにやったほうがいいのですか

A 大げさとは違います。お子さんの気持ちになってほめてあげましょう

発達に遅れがあったりする場合は、普通のほめ方では効果がないこともあります。はっきり効果のあるほめ方が必要ですが、「大げさ」ということとは**違います**。ましてや、お世辞を言うとか、おべんちゃらを言うなど、ご機嫌とりをするということではありません。

まずお子さんの立場になって考えてあげてください。どんなささいなことでも、できたということは、その子どもにとっては素晴らしいことなのです。それを自分にとって一番大事なお母さんからほめられるということは、子どもにとって実にうれしいことなのです。ご自分も小さいときに、お母さんにほめられてうれしかった経験がありませんか。

子どもと同じ気持ちになって心からほめてあげてください。そのお母さんの気持ちが伝わるほめ方のほうが大切ということです。

それを続けるうちに、もっと普通のほめ方、さらにちょっとうなづいたり、目で合図するだけで十分効果があるようになります。

Q41 親の言うことも聞かないのでほめるきっかけがないのですが……

A ほめてあげられる行動をいっしょにつくりましょう

どんな子どもでも必ずよい行動をすることがあります。勉強も「できない」と言われてばかりいれば、**いやになるのは当たり前**です。どんなことでも、少しでも望ましい行動があったらうんとほめてあげましょう。

ほめる行動がなかなか見つからないのであれば、ほめる行動をお子さんといっしょにつくっていきましょう。例えば、おもちゃをあちこちに投げ散らかしてばかりだったら、その子どもが一番興味をもっている遊びをしばらくいっしょにしたあと、「さー、おやつにしようね。その前にお片づけね」と言っていっしょに片づけ、できたら「お片づけできてえらいね」とほめます。

勉強もできそうな問題を与えて「できたね」「えらかったね」とほめてあげる機会を多くしましょう。また、この場合も一人ではできない場合には手伝って、終わったらすぐ、できたことをうんとほめてあげましょう。

Q42 ほめるだけでなく、望ましい行動には紙に○を付けるといった方法はどうですか

A 目に見える形にすることは効果があります

とてもいい方法です。ほめられたことが目に見える形になり、毎日どれだけ増えたり減ったりしているかが分かるようにすることは、望ましい行動を増やすのにとても役に立つ方法です。

最初は、目標行動を具体的にいくつか決めておきます。例えば、朝の歯磨き、いただきますのあいさつ、お母さんの言いつけを守る、宿題をやるなど、それができたときに、ほめると同時に○を付けます。○が10個（もしくは20個）たまったら、何かほしいものを買ってあげるというごほうびに結びつけると一層効果があるでしょう。

わたしたちでも、体重を減らしたいときは、毎日体重を量ったり、散歩の時間を記録したりして、経過を具体的に**目に見える形**にすることが役に立ちます。同じようなことは、子どもにとってはさらに効果的です。

Q43 同じようにほめても、いつもほめられている子としかられてばかりいる子では効き目が違う？

A 生まれてからのほめられ方を思い出してください

そのとおりです。生まれてからの生育歴の中で、どのようなほめ方・しかり方をされてきたかで、同じほめ方をしても効果は違います。生まれてから今に至るまでの生活で、どのようにほめられ、しかられたかを思い出してみてください。それによって一人ひとりの効果的なほめ方・しかり方を見つけてください。 ⇩**状況要因　P147**

わたしは、学校でももっと**適切なほめ方・しかり方**をしてもらいたいと思っていますが、特に、家庭での**0歳から**の上手なほめ方・しかり方が大事だと思います。現在の社会的背景も考慮しながら、上手なほめ方・しかり方を心がけて子育てをしてください。

Q44 ごほうびで釣るのは動物の餌付けと同じようで抵抗があります

A 最後には人間だけに通用するごほうびになります

Q26でも触れましたが、「応用行動分析学」では、ネズミやハトを使った実験で見い出された行動の法則を人間に適用します。

動物実験ではありますが、ここで考えてみてください。わたしたちの行動を規制する慣性の法則は、石や木などにも同じように働きますし、リンゴが木から落ちる重力の法則には人間も支配されます。ハトやサルの行動の法則の中には、人間にも共通するものがあります。それが人間に通用するかどうかは、試してみれば分かります。

動物と人間の違いは、成績の良評価や表彰状などが、人間だけに効果がある強化子ということでしょう。ネズミやハトには強化子として餌が使われ、餌付けと呼ばれますが、人間でははじめはお菓子やジュースが使われた場合でも、ほとんどはやがて玩具や絵本などに、そして抱きしめたりほめたりの社会的強化に置き換えられていきます。

もちろん人間には人間だけの複雑な行動がありります。しかしそれを勝手な推測で説明しようとすると、とんでもない間違いを犯すおそれがあります。

最近、脳の研究が急速に進歩しています。それらの新しい知見を含め、子どもが環境と相互作用しながら、行動が前進的に変化する仕組み、すなわち**行動の法則**を自然科学と同じ実証的な方法で解き明かしていこうとするのが、行動分析学なのです。

ほめる、しかるということに関しては、現在まで明らかにされた応用行動分析学の原理の中に、役に立つことがたくさんあると考えるのがわたしたちの立場です。

第4章

家庭での上手なしかり方Q&A

～望ましくない行動を弱めるには～

Q45 しかっても効果がありません。しかり方に問題があるのでしょうか

A いろいろなしかり方が考えられます

「ほめる」にもいろいろな方法があったように、しかり方にもいくつかの方法があります。昔は、家庭でも父親が平手やげんこつでたたいたり、おやつ抜きにしたり、家から閉め出したりといった体罰を含む厳しい罰が行われていました。今は、体罰は法律で禁止されていますし、子ども虐待になりかねません。

昔に較べるとこうした厳しい罰は少なくなり、一般的には「ことばでしかる」「望ましくない行動を制止する」といった社会的な負の強化刺激(嫌悪刺激)が使われ、それだけで効果が薄い場合は、

「おやつ抜き」「おもちゃを買うのをやめる」などが使われています。これらすべてを含めてこの章では「**上手なしかり方**」を考えてみましょう。

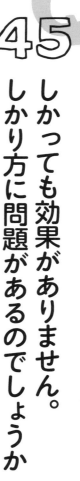

Q46 下手なしかり方をするとかえってその行動が多くなると聞きました

A 減らしたい行動のことばに注意がいってしまう

これまでの研究で、しかったらかえってその行動の回数が増えたという結果があります。

小学校低学年の授業中の離席行動を、先生が「席に戻って！」といった注意をする回数を増やすと、離席する子どもの数がかえって増えてしまい、注意の回数を少なくすると離席数が少なくなったというアメリカの研究があります。

望ましくない行動を注意する場合も、「机の上に乗らないで！」「ドアをバタンと閉めたらダメ！」「いたずらしないで！」などとしかると、「机に乗る」「ドアをバタンと閉める」「いたずらをする」という**減らしたい行動の部分にだけ**注意がいき、「〜してはいけない」の部分が効き目がなくなるからのようです。

「ドアを静かに閉めましょう」「廊下を静かに歩きましょう」といった言い方を心がけましょう。このごろは、例えば「白線の後ろまで下がってお待ちください」「トイレをいつもきれいに使っていただいてありがとうございます」のような書き方、言い方が増えてきていいことだと思います。

Q47 昔に比べると子どもを厳しくしかることが少なくなったのはなぜですか

A 効果があまりないことが分かってきたからです

確かに少なくなりましたね。わたしの子どものころ（昭和の初め）を思い出しても、親からたたかれたことはありませんでしたが、お灸をすえられたことや押入れにしばらく入れられたこと、外で遊びほうけて約束の帰宅時間に遅れ、家から閉め出されたことなどがありました。今でもそのときの母親の厳しい叱責のことばと怖い顔、ときには涙を流す顔をはっきりと思い出します。

今、少子化時代を迎え、一人っ子の家庭も多くなりました。それもあって、子どもを大切に育てるあまり、ほとんどしからない親も増えてきました。きょうだいげんかをしたくてもできません。

学校での体罰はもちろんなくなりましたし、スポーツの世界でも、昔のように殴ったりして鍛えることがなくなりました。マラソンの高橋尚子選手を育てた小出監督のように「ほめて、ほめて」育てるやり方が多くなってきています。

これは、時代の流れ、家庭環境・社会環境の変化であると共に、罰の効果があまりないこと、**しかるよりほめる**ことのほうが、効果があることが次第に確かめられてきたからだと思います。

⇩**状況要因　P147**

なぜ厳しくしかること、罰に効果があまりないのかは、この章全体で説明していますので、この後のQ＆Aも読んでください。

Q48 しかるよりほめることが大切ということですが、なぜ罰はいけないのですか

A どんどん強い罰が必要になってしまうからです

第一に、「罰」は確かに一時的には効果のある場合がありますが、だんだん**効き目が薄れて**いき、同じ効果をあげるためにはより強い罰が必要になってくるからです。

ネズミを使った動物実験では、ネズミがてこを押したとき、餌と同時に軽い電気ショックを与えます。すると、しばらくテコ押し行動を止めますが、お腹が減ってくるとショックが与えられてもテコを押して餌を食べます。だんだんショックを強くしていくと、最初はてこ押しを止めますが、またテコ押しを始め、最後には強いショックで体が壁まで吹きとばされてもなおテコ押しを止めなくなりました。

ことばでちょっと注意されて一時やめても、また繰り返すとだんだん注意のことばがきつくなり、それでも効果がなくなって、ついに殴ったりしてしまう結果になるおそれがあります。

第二には、特定の人にしかられてその人を恐れたり嫌いになったりすると、その人の**周りの人も恐れる**ようになったり、嫌いになったりするおそれがあることです。

母親にいつもしかられてばかりいて、母親が嫌

いになると、父親、さらには周りの大人も嫌いになって、**反社会的行動**が始まったりする可能性が出てきます。学校の場合、担任にしかられて、ほかの先生も怖くなり、それを避けるために学校に行くのをいやがるようになったりします。しかることのマイナス点を考えたうえで、上手なしかり方が必要です。

⇩罰　P153

Q 49 どうしてもしからなければならないときはあると思いますが……

A 危険な行為の制止でも最後はほめて終わります

例えば、煮えたぎったやかんに触ろうとしたり、ガス栓をやたらにひねって開けようとしたり、5階のベランダの手すりにのぼろうとしたりという危険な行動は、黙って放っておくわけにはいきません。何が何でも「いけません！」ときつくしかり、ことばだけでは聞かない場合は、子どもの体を制止して「ダメ！」と言わなければならないでしょう。

大切なことは、「こんなことをしてはダメよ」といつまでもくどくど言い聞かせないようにすることです。キッパリと「ダメ！」「いけません！」と厳しい顔、厳しい口調でしかります。

制止された子どもはしばらくもがいて逃れようと暴れたりするかもしれませんが、おとなしくなるまでそのまま押さえています。小さな子どもならやがてあきらめておとなしくなります。しかし、親の手に負えないほど力のある大きな子どもになると難しくなりますので、小さいうちが肝心です。

おとなしくなったら手を離して、すかさず「お母さんの言うことを聞いてえらかったね」と言ってほめます。しかりっぱなしにしないで、**最後はほめて**終わらせる。ここが大事なところです。

⇩**分化強化　P154**

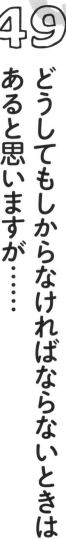

Q50 いたずら描きをしかっても、ぜんぜん言うことを聞きません

A いたずらをしからずに、やめたときにほめましょう

Q49のように、どうしてもしからなければならない場合のほかは、しかりたくなっても我慢して、しからないで知らん顔をしてください。その後、その**行動をやめたとき**に、すかさず子どもの名まえを呼んで、「お母さんの言うこと聞けてえらいね」といってほめてあげます。小さい子の場合や発達に遅れのある子どもの場合は、「〜をやめてえらいね」という言い方は気をつけないと「〜」の部分に注意がいって、その行動をかえって強めるおそれがあります。

クレヨンで机や壁にいたずら描きをするような場合、後で消せるなら何も言ったりしたりしないで放っておき、やめたときほめる方法でいいのですが、描いては困るものに描こうとした場合は、描く前に素早く手を押さえ、紙などを与えてそれに描くように仕向け、紙に描いたことをほめます。しばらく根気よく続けると必ず効果があります。

⇩消去　P157、分化強化　P154

Q51 いたずらばかりするので結局しかってばかりになってしまいます

A いたずらしていないことをほめてあげます

どんないたずらっ子でも、必ず望ましい行動をするときがあります。例えば、「親の言うことを聞かない」の反対である「言うことを聞く」という行動です。「しょっちゅう動き回っている」の反対には「しばらくじっとしている」、「人をたたく」には「たたかない」、「うそをいう」には「正直」というように、**望ましくない行動の反対**には、必ず望ましい行動があります。

どんな子どもにも、探せば必ず「いい子」のときがあるはずです。いたずらばかりしていても、少しでもいたずらをしないでいるときには、いたずらをしていないことをすかさずほめるようにしてください。

子どもが自由に行動しているときには、なかなかほめる行動が出てこないならば、例えば「お父さんに新聞を取ってきてあげよう」と言って、子どもの手を引いて郵便受けの新聞をいっしょに取りに行き、お父さんが「ありがとう」と言ったとき、お母さんも「えらかったね、お父さんにほめられたね」とほめてあげます。このようにほめる機会をお母さんのほうでつくってあげてください。

Q52 目にあまる場合は、お尻をたたいたりするとそれなりに効果があるようですが

A お母さんとの信頼関係が崩れるおそれがあります

Q48のところでお答えしたように、効果がだんだん薄くなってくるおそれがあります。お母さんも初めは、口で「ダメ」とか「いけません」とか言っていたのではありませんか？　それが、効き目がなくなって、お尻をたたくというより強い罰を使うようになったのでしょう。そのうちお尻をたたくのがよりきつくなり、次にはもっと厳しい罰が必要になるおそれがあります。

これまで育ってきたなかで、お腹がすけばお母さんがお乳を与え、おむつが濡れていれば取り替えてくれる……そういうとき、いつもお母さんがやさしく世話をしてくれてきたことで、お母さんが子どもにとってなくてはならない人になっていきます。

⇩獲得強化機能　P159

このようにお母さんが子どもにとって**大切な人**になっていれば、その人にほめられることが大きな効果をもつと同時に、しかられることも大きな効果を示すはずです。でも、しょっちゅうしかる、特にたたいてしかることが頻繁にあると、だんだん信頼関係が崩れていくおそれがあります。できるだけほめることを多く、しかることを少なくするようにしてください。

Q53 隔離するといった罰は使わないほうがいいですか

A 別室でおとなしくなるまで待つというしかり方があります

アイスホッケーを見たことがありますか？　試合中に乱暴な行為があったりすると、ペナルティボックスに一定時間入れられます。これをタイム・アウトと呼んでいますが、正確には**正の強化からのタイム・アウト**で、正の強化を受ける機会を一定時間制限するということです。

⇩**タイム・アウト　P154**

人にかみついたり、つばをかけたり、かんしゃくを起こしてひっくり返って泣きわめくといった子どもの行動には、すぐ別室に入れて、しばらく放っておきます。そしておとなしくなったら、「いい子にしてるね」とほめながら部屋から出してあげます。

ほかには、食事のときに自傷行動が出たらすぐお皿を取り上げて、子どもに背を向け、しばらく自傷行動が見られなければ、向き直って食事を続けるというのもタイム・アウトです。この場合、タイム・アウトの時間を最初は10秒、15秒という短い時間から始め、だんだん長くしていくといいでしょう。途中で自傷行為が出れば、またそこから数えなおします。ほかに手だてがなければ試してみてください。⇩**低反応率分化強化　P156**

Q54 ことばでしかったり、たたいたりしないやり方はありませんか

A 与えておいたごほうびを取り上げていく方法です

あらかじめごほうびを与えておき、望ましくない行動のたびにそれを取り上げるという方法です。交通違反の罰金なども、これに当たります。ごほうびを使った罰技法ですから、直接罰を与えるより**穏やかな方法**といえるでしょう。

おうちでの使い方としては、あらかじめ絵カード、おはじきなど、子どもの好きなものを10枚（個）与えておき、望ましくない行動のたびに1枚（個）取り上げます。この場合、絵カードやおはじきが子どものお気に入りである必要があります。そうでなければ、1日の終わり、あるいは週末に残っているカードやおはじきの数に応じて、ごほうびをあげる必要があります。

正の強化と組み合わせる方法もあります。望ましくない行動のとき1枚（個）取りあげるだけでなく、望ましい行動のたびに1枚（個）あげるというやり方です。

いずれの場合も「望ましくない行動」「望ましい行動」をできるだけ子どもと相談しておくことが大切で、それを表にして壁などにはっておくといいでしょう。⇩**レスポンス・コスト　P156、トークン・エコノミー　P151**

Q55 スポーツ選手などが、指導者に厳しくしかられたことが成功につながったということも聞きますが

A 尊敬している人からしかられるなら効果がある

確かにそのとおりだと思います。ただし、だれにしかられたかが重要です。指導者、先生が、その人の尊敬し信頼している人であることが前提となります。そして、その人を立派な選手、歌手、芸能人に育てるために心を鬼にしてしかるということであれば、確かに大きな効果を生むことがあります。

強いしかり方がむしろ正の強化になったといえるのではないでしょうか。「愛のむち」とは、こういうことなのかもしれません。ただ、この場合も、しかりっぱなしではなく、ほめるところはきちんとほめて指導しているのではないでしょうか。また、先生にしかられた点を修正してやってみて成功すれば、それが大きなごほうびになりますね。

母親が子どもをしかる場合も、母親が子どもにとってなくてはならない大切な人という強い**強化機能**を長い育児を通して獲得していれば、そのお母さんにしかられることは、むしろ正の強化として機能することもあると思います。

ただ、子どもが愛するお母さんにしかられて家出をしたり、自殺したりということもありえることですから、やはり、慎重にやってください。

Q56 望ましくない行動のたび、表に×を付けるという方法はどうでしょう

A ○を先に付けておいてから消していくほうがいいでしょう

あまり勧められません。それはこれまでのQ&Aで、罰を中心にするとだんだん効き目がなくなって、より強い罰が必要になることや、罰を与える人が嫌悪刺激になり、お母さんだけでなくお父さんとの愛情も傷つけられるようになることを説明しました。×を付けることは同じことになります。×を付けるやり方よりは、むしろ、望ましい行動に**○を付ける**やり方を中心にしたほうがいいのです。もし望ましくない行動を早く弱めたいということであれば、あらかじめ○を描いた表をはっておき、望ましくない行動のたびに一つずつ**○を消す**か、○の上に×を描き、1週間（頻度が高ければ1日）の終わりに残っている○の数に応じてごほうびをあげるという方法のほうがいいでしょう。

どんな行動に○、または×を付けるかを、できるだけお子さんと相談して具体的に決めておくことが必要なのは前にも述べたとおりです。

⇩レスポンス・コスト　P156

Q57 望ましくない行動を弱めるには「知らん顔をする」ということですが、「無視する」ことですか

A 「無視する」ということばは誤解を招くかもしれません

専門用語では「消去」と呼んでいる、望ましくない行動を弱める方法の一つですが、日常の用語としては、「無視する」という言い方をすることもあります。しかし、「無視する」という言い方は誤解されるおそれがあるかもしれません。

「消去」は、「シカト」とは違います。「シカト」は、みんなが無視するいじめの一つで明らかに「罰」です。

「消去」とは、ほめもしかりもしないで（正の強化子も負の強化子も随伴しないで）、中立刺激だけが随伴することです。「無視する」と言うと、あるいは「わざと冷たくする」と混同されかねません。「罰」にならないような「**知らん顔**」をしてください。軽い問題行動を弱めるのには確実に効果があります。

しかし、難しい場合もあります。例えば、電車の中で、駄々をこね始めたとき、「知らん顔」（消去）したいのですが、周りの人から「なんて冷たい親だろう」といった視線を向けられると、たまりかねて「しっ！　いい子にしてなさい」など一声かけるとそれまでの努力が水の泡になってしまいます。そのことにも注意しながらできるだけ「消

去」を試みてください。そして、なるべく「消去」の後に「ほめること」が重要ですね。その子自身を無視するのではなく、望ましくない行動に知らん顔するのですから、ほめる機会を見つけてください。

⇩消去　P157、分化強化　P154

Q58 今の子どもたちはちょっとしかると、すぐめそめそしてしまうように感じます

A どのように育ってきたかを考え、効果のあるしかり方を見つけます

小さいときからいつもしかられてばかりだった子どもは、少々しかっても効き目がありませんし、ほとんどしかられたことのない子どもは、ちょっとしかられただけで大泣きしたりします。

例えば、お腹がすいていればどんな食べ物でもごちそうになりますし、満腹のときはごちそうでも食べる気になりません。それと同じように、同じしかり方でも、子どもの**生育史**、**家庭環境**によって効果が違います。

おうちでどんな育て方をしたかを振り返ってみてください。あまりほめないでしょっちゅうしかってばかりでしたか？　反対にほとんどしからないで甘やかして育ててきましたか？　ただし、これはおうちだけの問題ではありません。学校でも、社会でも、しからないといけないことをしからず、ほめるというより甘やかす、ご機嫌をとるという育て方が強くなっているのではないでしょうか。そのことを考えたうえで、今のお子さんにより効果のあるしかり方を見つけてください。

でも、原則は「しかるのはなるべく少なくして、ほめることを中心に、そしてしかったらその後はめる機会をつくる」であることを忘れずに。

第5章

教室での上手なほめ方しかり方Q&A

～グループ指導で行動問題を軽減するには～

Q59 グループ指導の中でのほめ方しかり方は、家庭の場合とどう違うのでしょう？

A 個別指導は同じですが、グループ全体に対しては工夫が必要です

幼稚園・保育園や学校などグループで指導が行われている場合にも、3・4章で述べた「家庭におけるほめ方しかり方」と原理は変わりません。注記した「応用行動分析学」の原理、強化（特に連続即時強化、消去、漸次接近、罰）の技法が使われます。特に、子どもをグループの中から出して個別指導する場合は、3・4章が基本的にはそのまま適用できます。

ただし、家庭と幼稚園、保育園などでは違った点もあります。環境もかなり違いますし、指導する人も、保護者が育てるのと保育者が指導するのでは大きく違います。指導内容にも家庭では日常生活のあらゆる面で指導するのに対し、幼稚園、保育園などでは幼稚園教育要領や保育所保育指針などに基づいた指導が中心です。

グループ指導の場合には、グループ全体に適用する場合も、その中の特定の子どもに適用する場合にも、家庭での個別的適用とはいろいろ違った点がありますので、**特別な工夫**をしながら、グループ指導の中での上手なほめ方・しかり方について考えていきましょう。

Q60 グループ全体の望ましい行動を強めるには、どんな方法がありますか

A きまりごとを守った子どもにはごほうびを選ばせる

例えば小学校や幼稚園のクラスで、クラスのみんなが守る「きまり」が壁にはってあるのを見かけることがあります。

4年生のクラスにこんな「きまり」がはってあったとします。

今週の目標
・朝のあいさつを元気な声でしましょう。
・忘れものをしないようにしましょう。
・ろうかは静かに歩きましょう。
・決められた当番はきちんとやりましょう。
・宿題は忘れずにやりましょう。

このようなきまりは、毎週か毎月ごとに少しずつでも変えたほうがいいでしょう。児童会・生徒会などで子どもたちが自主的に決めることが大切です。押しつけられたきまりではなく、自発的にみんなで決めたきまりであることは、6章で述べる行動分析学の観点から見て重要なことです。

さて、これらのきまりはクラスの子どもすべてが守るべき望ましい行動です。

これらの望ましい行動には、正の強化（賞賛・ごほうび）が、できれば連続即時に与えられることによってその行動が強められるはずです。

これらのきまりを守った子どもには、毎回その場でほめてあげるのが連続即時強化ですが、このような社会的強化の効果は子どもによって違うかもしれません。中には少し発達が遅れていたり、ASDの疑いがあったりして、ことばでほめただけではあまり効果がない子どももいるかもしれません。

そんな場合にはトークン・エコノミーという技法を考えてみてください。

トークンとは「模擬貨幣」「ポーカーチップ」「おはじき」「カード」などを「賞賛」や「ごほうび」の代わりに、望ましい行動のたびに与え、後で子どもたち一人ひとりがほしいものと交換するという技法です。⇩**トークン・エコノミー　P151**

1日の課業が終わったとき、あるいは週末に、クラスの隅に、子どもたちの好きなものを並べておいて一定の数のトークンで買えるお店を開くというようなやり方です。

このやり方ですと、個人差の大きなグループでも、指導者は一人ひとりの効果的なごほうび（強化子）を考えなくても、子ども自身で好きなものを選ぶことができます。

Q61 トークン・エコノミーはもっといろいろな場面でも使えるのではありませんか

A 指導場面ごとに目標の行動をリストアップして使えます

そのとおりです。グループ指導の難しい点は、個人差にどう対応するかです。学習面ではもちろん、身辺自立、社会性といった点でも一人ひとりの習熟度は違います。一人ひとりのそのときどきでの**標的行動**はそれぞれ違うのが普通です。

特に、特別な支援が必要な子どもには「個別の指導計画」の作成が必要です（Q62）。学習面、身辺自立、社会性などいろいろな領域で、一人ひとりの子ども、特に支援の必要な子どもについて、これからの1、2週間に達成が可能な行動をリストアップし、それらの標的行動が達成されたら、その場ですぐトークンを与えます。後は、Q60でお答えしたようなトークンを使って好きな買い物をします。買い物のときにも必要があれば援助を忘れないように。

特別な支援が必要な子どもの数が多くなると、いろいろな領域での一人ひとりの標的行動を把握するのが難しくなるかもしれません。朝の集まり、給食、算数の時間といった指導場面ごとに対象の子どもの標的行動をリストアップして、壁にはったり、メモを作ってポケットに入れるなどの工夫をしてみてはいかがでしょう。

Q62 「個別の指導計画」の作成は、上手なほめ方しかり方に関係があるのですか

A それぞれの援助の質と量を把握して作成します

重要な関係があります。

援助が必要な子どもは、クラスの子どもと同じ教育目標で指導を受けますが、それぞれの目標の習熟度が違いますから、援助の質や量が違います。一人ひとりの援助のしかたを多くしたり少なくしたりすることによって、クラスの子ども全員が同じ目標を達成できるようになります。

これを図示すると下図のようになります。

例えば、幼稚園や小学校低学年の朝の集まりで、「先生に名まえを呼ばれると片手を挙げて『ハイ』と答え、先生の所へ行って自分の名札を受け取り、

〈図〉グループ指導における多層水準指導

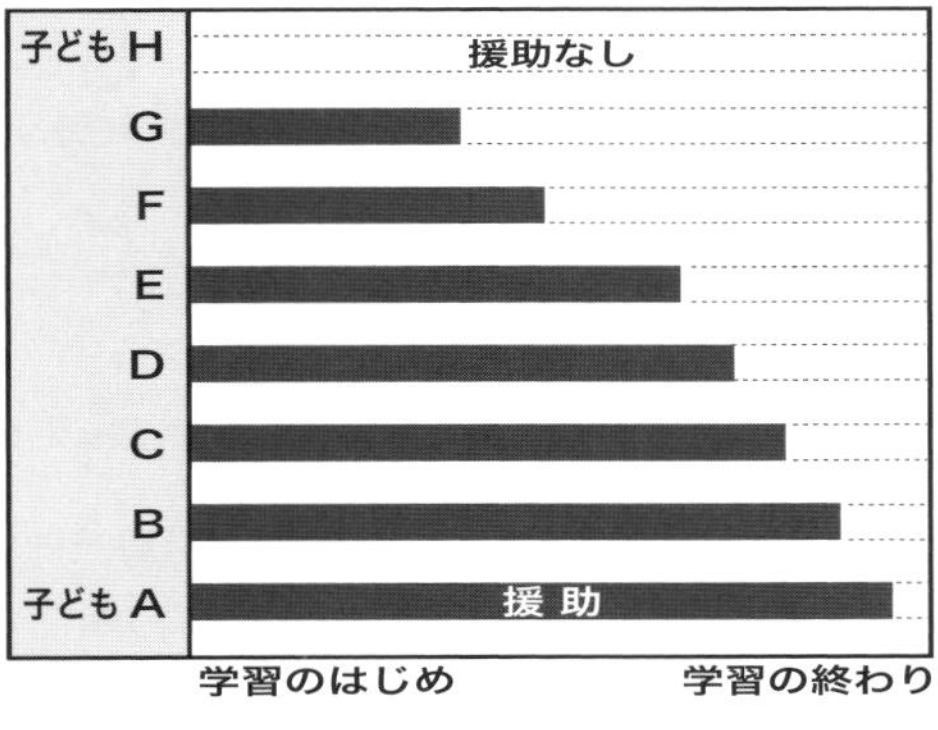

子どもは，一人ひとり身体の発達にも知的な発達にも個人差があります。個人差のあるグループで同じ学習をする場合は、援助の量を子どもの発達水準に応じて、多くしたり少なくすることで同じ時間内に同じ内容の学習ができます。これが多層水準指導です。

教室の壁の所定の位置に名札をかける」という標的行動となる場合で説明します。一人でできない子には、子どもの習熟度によって「先生が声かけをする」「介助者が子どもの手を取って手を挙げるのを補助する」「名札をかけるのを援助する」など、必要最小限の補助をし、毎日少しずつ援助の量を減らしていきます。

このような指導が効果的に行われるためには、子どもの標的行動の習熟度が正確に把握され、必要な援助が、多すぎず少なすぎず与えられる必要があります。それを**正確に把握する**のが「アセスメント」で、それに基づいて**作成される**のが「個別の指導計画」なのです。

Q63 プログラム学習は応用行動分析学と関係があると聞きました。グループ指導でも使えるのですか

A スモールステップなどの原理をもとにして使えます

スキナーの開発したプログラム学習には、四つの原理が含まれています。

(1)スモールステップの原理 (2)積極的反応の原理 (3)即時確認の原理 (4)プログラム改訂の原理

スモールステップの原理のもとはシェイピング(漸次接近)の原理で、目標に到達するまでのプロセスを小さなステップに分けて、一歩一歩目標に近づけていきます。積極的反応と即時確認の原理は、応用行動分析学のオペラント行動に関係があります。子どもは与えられた教材を受動的に学習するのではなく、正答と思われるボタンを押したりして積極的に働きかけ(オペラント行動)、それが正答かどうかブザーやランプで「即時確認」され(連続・即時強化)、正答であれば次のステップの課題が自動的に現れます。

プログラム改訂の原理は、プログラムを実施しながらよりよいものに改訂していくという原理で、Plan-Do-Seeと同じ方法です。

小・中学校でも、何十台ものパソコンを備えた特別教室のある学校が増えてきました。算数・数学や国語、英語などの授業の一部はこの特別教室

で行ったらどうでしょう。クラスの全員がこの教室に行って学習しますが、一人ひとりの子どもは、個別の指導計画によるそれぞれの課題をパソコンでプログラム学習します。正に、理想的な多層水準指導といえるでしょう。

もちろん、学習した技能の般化は重要ですので、パソコンですべての学習が可能になるわけではありません。

なお、スキナーのプログラム学習は、一つ上のステップに進んで失敗すると前のステップに戻すという直線型ですが、前のステップに戻すのではなく、前のステップとの間にさらに細かいステップを設ける「クラウダーの枝分かれ方式」のプログラム学習も開発されています。

Q64 不登校を減らすのに応用行動分析学の原理は役立つのでしょうか

A 不登校の理由となる負の強化子が学校にあるといえます

不登校はなくならないどころか、ますます増えているようです。いろいろな原因が絡み合っているのでしょうが、応用行動分析学の原理で考えてみると、あらかじめ与えられていた罰刺激が、ある特定の行動のたびに除去・回避されることによって、その行動が強められるという原理を当てはめることができるように思います。

⇩**負の強化　P152**

すなわち、学校に行くといつも勉強ができないといって先生にしかられる、友だちにばかにされる、仲間はずれにされる、いじめられる、ほかのクラスの先生や子どもにも差別的な目で見られるということになると、学校中に**嫌悪刺激（負の強化子）**が満ち満ちているという状況になります。

どうすればそれらの嫌悪刺激から逃れられるか？　学校に行かなければ確実に逃れられますから不登校行動が強められます。

そうだとすれば、不登校を減らすためには、学校を楽しい場にすればいいはずです。学校の嫌悪刺激がなくなり、正の強化子が増える、つまり子どもにとって学校が楽しくなれば、来るなと言っても子どもは学校に来るようになります。

Q65 今の教育現場を考えると学校を楽しくして、不登校を減らすのは困難のように思いますが

A 学校を楽しくするために応用行動分析学の原理の活用が必要

確かに今の学校教育の現状を見ると、いじめはますます増えると共に陰湿化し、校内外暴力、非行、自殺、さらには殺人と、昔は考えもしなかったようなでき事が頻発し、それに関連して学習の量についていけない子どもが増えています。国際学力調査で、日本の順位が下がったのも当然かもしれません。

しかし、学校を楽しくすることはできないことではありません。Q21でフィンランドが学力世界一になったと述べましたが、日本よりも授業時間の少ないフィンランドはなぜ世界一になれたのでしょう。教育大臣が「特別なことをしたわけではなく、ただ学校を楽しくしようとしただけです」と言っていました。わたしたちの特別支援教育の分野でも、それを裏付ける実践も行われているのです。決して不可能なことではないと思います。

学校を楽しくするためにも応用行動分析学の**原理の活用**が必要と考えています。

Q 66 注意してもしょっちゅう忘れ物をする子どもがいます。何かよい方法はありませんか

A 忘れ物をしたらごほうびがなくなる方法を試しましょう

望ましくない行動を弱めるための応用行動分析学の原理には、

(1)罰を与える (2)ごほうびを取り上げる (3)知らん顔(消去)の三つの方法があります。⇩P017

忘れ物を少なくするには、この三つのどれかを使うことになりますが、「消去」だけでは当然ダメですね。(1)か(2)のどちらかを使うことになります。

(1)を使う場合、注意をした程度ではなくならない場合、もっと強い罰が必要になります。でも廊下に立たせるといった方法は、今はできませんね。忘れ物をしたら必ず家まで取りに行かせるのも一つの方法です。しかし家が遠かったりすると、一人で急いで行き来させるのは、交通事故などが心配かもしれません。

同じ罰の手続きでも、ごほうびを使った(2)はどうでしょう。あらかじめトークン(カードなど)を1週間分(5枚)与えておき、忘れ物をしたら1枚取り上げます。減点法ですね。応用行動分析学でいう「**レスポンス・コスト**」です。忘れ物をしない日が多くなればカードが残ります。残ったカード数に応じて具体的なごほうびを与えます。

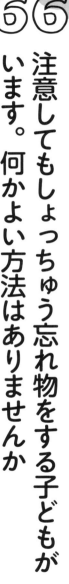

クラス全体でトークン・エコノミーを適用していれば、それに関連させるといいでしょう。

⇩**レスポンス・コスト　P156**

忘れ物をしない日もあるはずですから、したときは「消去」、しなかった日に「正の強化」をします（例えば表に◯を記入する）。これは望ましくない行動は消去し、その反対の望ましい行動だけを強化する「分化強化」という方法ですが、これなら使えますね。◯の数に応じてバックアップ強化子が必要であることはいうまでもありません。

⇩**分化強化　P154、強化子　P158**

Q67 授業中に席を立って遊び歩く子に注意してもあまり効果がありません

A 席に着けと言うほうが結果的に離席が増えてしまいます

授業中座っていなければならないときに離席する子どもに対し、先生が席に座るよう指示する回数が多くなればなるほど、より多くの子どもが離席するようになったということを実証した研究があります。
⇩P155

小学校低学年のクラスが対象ですが、この研究で一番離席数が少なかったのは、先生の「席に着け」という指示の回数をゼロにして、反対に着席行動をほめることを中心にした場合でした。

わたしが大学を出てすぐの3年間、中学生の知的障害の子どもを教えた経験がありますが、暴れん坊ぞろいで、30人のクラスの子どもたちを席に座らせ、わたしの話をおとなしく聞かせるのが難しくて苦労しました。ところが先輩の先生は、離席行動には知らん顔をして、たまたま座った子どもを見るとすかさずその子の名まえを呼んで「座れてえらい」の一声で、全員がばたばたと席に座ったのを見て感嘆したものです。今から考えると、まさに「消去」と「正の強化」の「**分化強化**」だったのですね。

この方法は、おそらく幼稚園や小学校高学年くらいでも効果があると思います。

Q68 授業中にみんなを笑わせる子がいます。度が過ぎるのでやめさせたいのですが

A 全員が反応しなければやめるようになっていきます

その子どもが何を言っても、先生をはじめクラスの全員が知らん顔をしていれば、その行動は確実に弱くなり、やがてなくなります。これは「**消去**」の原理の適用ですね。

Q15では、電車の中でぐずぐず言う行動には「消去」しようと思っていても、周りから冷たい目で見られて1回でも声をかけてしまうと、それだけで効果がゼロになるという例を挙げました。教室の中の行動に「消去」を使うときにも、同じような難しさがあるかもしれません。

正・負いずれの強化子も与えず、終始中立の刺激だけ与え続けるということは、先生はもちろんクラスの全員が、その子どものおどけた言動に反応してはいけないということです。知らん顔をしていようとしてもだれか一人でもクスリと笑うと、もう**消去の効果**が消えてしまいます。しかし、完全な消去の状況が続けば、この行動は確実に少なくなります。

でも、明るい行動でクラスの人気者になっているのなら、ある程度は認めてあげて、望ましい行動をしたことをみんなの前でほめてあげる機会を増やしてみてください。

Q69 ADHDがあり教室の中をうろついています。しかると興奮して手がつけられません

A 脳の抑制過程が発達するように個別指導を考えましょう

Q14でも取り上げたように、脳の余計な刺激を抑制する働きが弱くて、必要な刺激に対して興奮過程が集中的に起こらないで拡散してしまうというのがＡＤＨＤの大脳生理学的な基礎です。普通の教室のように大勢の子どもがいるような場は、周りに余計な刺激があふれていて、それらに、次々と衝動的に反応する行動になるのは当然です。

ＡＳＤの子どもで、教室の隅で耳をふさいでうずくまっている子をよく見かけます。見かけは多動の反対のように見えますが、この場合も聴覚刺激に過敏過ぎて、ほかの子どもにとっては楽しい音の刺激が、この子にとっては拷問のような刺激になっているものと考えられます。やはり、環境からの刺激に対する脳の領域（細胞）の興奮過程と抑制過程の均衡がうまくとれないからではないかと思います。

特別な場で、個別に指導しながら、徐々に**脳の制止過程が発達**して興奮過程と釣り合って働くようになり、やがて通常の学級での学習が可能になるような、一人ひとりの状態に応じて、必要な程度の個別指導を考えてみてください。

第6章

応用行動分析学の諸原理

～ほめること、しかることの意味と効果を学ぼう～

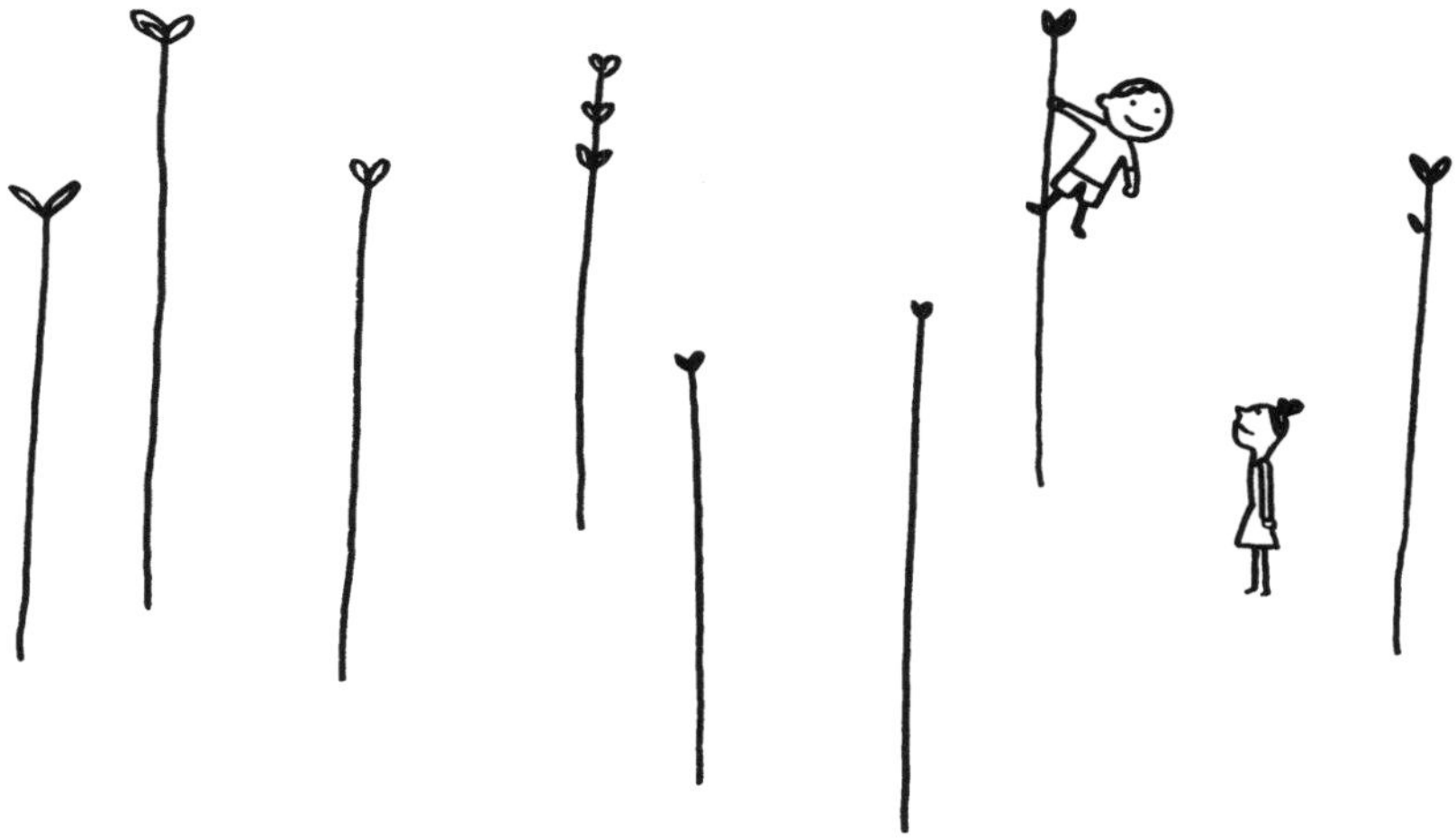

第1章「子どもを育てる基礎原理を学ぼう」で、すでに基本的な原理を解説しました。少し重複しますが、ここではもう少し詳しく諸原理について述べ、その中で2章以下のQ&Aで挙げた用語の解説もしていきましょう。応用行動分析学をもっと知ることで、ほめて育てることに自信がもてるようになるでしょう。

1 心理的発達

心理的発達についてはいろいろな学説があります。

心理的発達を身体的発達と関連づけて、年齢を一つの指標にしたゲゼルやハーロックなどの定義や、同化と調節による心的構造の前進的変化に基づくピアジェの定義もよく知られていますが、応用行動分析の立場での心理的発達は、次のように定義されます。

個人の行動と、環境内の人、物、事象との相互作用における前進的変化　（S. ビジュー）

ビジューは、その具体的な一例として「食べる」行動を挙げています。

母親が赤ちゃんにお乳をあげるため、おっぱい（ときには哺乳びん）を出し、赤ちゃんの視野にそれが入り、赤ちゃんのほおが乳房に触れます。

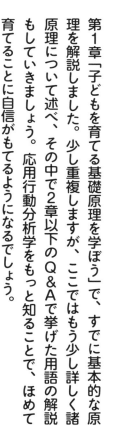

そのとき、空腹という内部刺激があると、それらの刺激がおっぱいを吸う行動を生じさせ、それによって食べ物がもたらされます。

よちよち歩きのころになると、クッキー、お粥、お茶碗、スプーンなどの刺激に対し手を伸ばし、口を開け、母親が口に運んだ食べ物を食べます。やがて自分で、手づかみあるいはスプーンで食べるようになり、その後は、おはしを使ったりナイフとフォークで食べる行動を学習します。

「食べる」という行動は生まれてから死ぬまで続き、そしてその結果、空腹が満たされることには変わりはありませんが、「食べ方」は環境との相互作用によって変化していきます。その変化が前進的な変化であるとき、それを心理的発達と呼びます。

言語の発達も、生まれてから母親や身近な人からのことばによる働きかけに対して、まねをしたり、子どものほうから言語的働きかけをしたりという交互作用があります。その中で、片言だったものが二語文、三語文というように子どもの言語行動が発達しますが、その言語は環境によって日本語であったり、英語であったりします。

2 ABCパラダイム

子どもと環境との間で相互に起こる交互作用は、環境からの先行刺激（Ａ）によって誘発される子どもの行動（Ｂ）と、子どもが環境に働きかけた行動（Ｂ）によって環境に新しい刺激が生じたり、今まであった刺激が変化したり消失したりという結果（Ｃ）の二つに大別されます。このＡとＢとＣの関係を図式化したものがＡＢＣパラダイム（知的枠組み）です（図1）。

(1) A→B（レスポンデント行動）

環境からの先行刺激によって誘発される行動をレスポンデント行動といいます。例を挙げれば、光の刺激に瞳孔が収縮する。ひざをたたくと膝蓋反射が生じるなど。

これはパブロフの条件反射の基になる、生まれつきだれでももっている無条件反射ですが、無条件反射をもとに、簡単な条件反射（反応）が形成され、さらにそれにもとづいて次々に複雑な条件反射（反応）が形成されていく過程は、学習理論では「古典的条件付け」「Ｓ型条件付け」などと呼ばれています。

(2) B→C（オペラント行動）

子どもが環境に働きかける（operate）こと

〈図1〉 A–B–Cパラダイム

A → B → C

先行刺激 Antecedent Stimulus → 行動 Behavior → 結果 Consequence

（1）A→B　レスポンデント行動（反応）

例：光の刺激→瞳孔収縮（無条件反射）
ひざをたたく→ 膝蓋反射（無条件反射）
パブロフの犬の唾液分泌条件反射
簡単な条件反射 → 複雑な条件反射

（2）B→C　オペラント行動（反応）

例：テレビのスイッチを入れる → 画像と音が出る
水道の蛇口をひねる → 水が出る
「今何時？」と聞く→「○時○分」という答えが返ってくる

（3）A→B→C　刺激性制御

例：道路の横断
青信号 → 道路を渡る → 安全
赤信号 → 道路を渡る → 危険
赤信号 → 渡らないで待つ → 安全
「お年は？」→「3つ」→「お年が言えてえらいね」
「これ何色？」→「赤」→「そう、赤ね、よく分かったね」

によって生み出される刺激結果が、その働きかけ行動を強めたり弱めたりするとき、その働きかけ行動をオペラント行動と呼びます。「レスポンデント」も「オペラント」もスキナーの造語ですが、オペラント行動は行動分析学で極めて重要な意味をもっています。

例としては、テレビのスイッチを入れると画像と音が出る、寒いときに火をたけば暖が得られる、目からゴミを取るとイライラしなくなる、「おはよう」とあいさつすると「はい。いいお天気ですね」という答えが返ってくるなどが挙げられます。

試行錯誤学習と呼ばれる行動もオペラント行動ですし、わたしたちの日常生活の行動を振り返ると、その多くはオペラント行動であることに気づくはずです。

(3) A→B→C 刺激性制御

子どもが環境に働きかけるオペラント行動(B)には、自発的なものもありますが、ある行動の結果(C)がその行動を強める結果になるのか、弱める結果になるのかを知らせる先行刺激(A)によって、その働きかけ行動が強められたり弱められたり(制御)する場合があります。

これを刺激性制御と呼びます。例を挙げれば分かりやすいと思います。

横断歩道の信号に従って道路を横断する行動を考えてみましょう。

赤(A)—渡らない(B)—安全(C)
青(A)—渡る(B)—安全(C)
赤(A)—渡る(B)—危険(C)
青(A)—渡らない(B)—道路を渡れない(C)

信号を守って道路を横断する行動は、生まれつきもっているものではなく、環境(特に母親や先生)との相互作用によって学習された行動です。

この場合、赤、青の信号は弁別機能という特性をもつので「**弁別刺激**」と呼ばれ、弁別刺激によって行動が起こったり起こらなかったりするので「**刺激性制御**」と呼びます。また、その関係での行動(反応)を「**弁別オペラント反応**」と呼びます。

母親という存在は、ミルクがもらえる、おむつを取り替えてもらえるなどの強化子の合図になる弁別刺激です

し、「赤い色の紙はどれ？」「これ（赤い紙を指す）」「そうね。よくできました」など、ほとんどの学習はA—B—Cで成りたっていると言っていいほどです。

この刺激性制御のA、B、Cの関係は**三項随伴**、それに状況要因が加わると四項随伴と呼ばれますが、それについては後に述べます。

3 観察可能・計測可能な行動

A—B—CパラダイムのB（行動）は、応用行動分析学では**観察可能・計測可能**なものに限定し、生体内、特に脳の中で起こっている直接観察できないこと、計測もできない事象は除きます。そこから行動の法則を見いだそうとするものであることに注目してください。

フロイトの流れを汲む「精神分析」のように、直接観察できない意識下の事象を引っぱり出して「精神」を分析する考え方とは真っ向から対立しますし、脳内で起こっている過程をあれこれ推測して組み立てられる認知心理学とも相容れない考え方です。

しかし、パブロフと同じ時期に、彼と同じように生理学者として研究していた**フロイト**は、当時の幼稚な脳の研究では複雑な人間の行動の説明はできないと言って、一転して「無意識」という神秘的な領域を取り上げるようになりました。しかし、彼は、脳の研究が進めばいつかはそれによって行動を説明できるときが来ると終生信じていました。

また、**スキナー**のほうは、行動に脳の過程が関係あることは疑う余地がないが、今の脳内の過程研究（認知論）のレベルでは、その過程についてあれこれ推測してわずらわしい理論をつくってみても、かえって行動の間違った説明につながるおそれがあると考えていました。そこで、行動研究にも自然科学と同じ厳密な方法、つまり、観察可能・計測可能な事象のみを取りあげていくのだといって、行動分析を生体の内部の過程をブラックボックスとして無視するS―R心理学だという批判に反論しています。

わたし自身は、最近の脳研究のめざましい進歩により、脳波、特にｆＭＲＩなど、脳内の過程を自然科学の方法でかなり観察できるようになってきており、これらの変数は行動分析に組み込んでいってもいいと考えています。最近では、強化随伴についても、脳の働きである程度説明できるようになったと言われています。もちろん、1000億の神経細胞を10兆のシナプスがつないで、さまざまな領域に分かれて活動している人間の脳の活動をすべて解明するのには、まだまだ時間がかかりますが……。

4 オペラント随伴性

オペラント行動（反応）が刺激を生み出したり、除去したり、回避したりといった結果をもたらすことは前に述べましたが、オペラント行動を強める刺激結果は「**正の強化子**」、弱める刺激結果は「**負の強化子**」（このほか中性刺激結果もあります）と呼ばれます。

ビジューは、もともとスキナーが示した四分割表に手を加えて、これらのオペラント随伴性の表を作っていますが、ここではわたしなりに簡略化した表を作ってみました。

この表から行動を強めるためには二つの手続き、弱めるためにも二つの手続きがあることが分かります。弱める手続きにはもう一つ「消去」という

〈表〉

	強化子の機能 正	強化子の機能 負
強化子付加	行動は強められる **A　正の強化**	行動は弱められる **C　罰 I**
強化子除去	行動は弱められる **D　罰 II**	行動は強められる **B　負の強化**

重要な原理がありますが、それは次に取り上げることとし、この強める二つ、弱める二つの手続きについて考えてみましょう。

(1) 行動を強めるために

A 正の強化

望ましい行動を身につけるためには、主としてこの手続きが使われます。

例…抱きしめる、ほおずりをする、高い高いをする、ほめる、ごほうびをあげるなど。

B 負の強化

負の強化子を除去・回避することで行動が強められる手続きです。

負の強化子が関係しますが、行動を「強化」する手続きです。「罰」と混同しないように注意しましょう。

例…寒いときに手袋をする、痛み止めの注射をする、いじめられるので学校に行かないなど。

(2) 行動を弱めるために

C 罰Ⅰ

望ましくない行動の多くは、間違って学習された行動です。それを弱めるために負の強化子を随伴させる手続きです。Dの罰と区別するために私は「罰Ⅰ」と呼ぶことにしています。

例…殴る、しかるなど

「罰Ⅰ」は極力使わないようにすべきですが(その理由は後で述べます)、やむを得ず使う場合にも「上手なしかり方」が必要で、特に体罰にならないよう、慎重な配慮が必要です。

「罰」はPunishmentの訳語ですが、「弱化」と訳す人もいます。罰ということばを使いたくないということなのでしょうが、行動を弱める重要な手続きの一つにこの後出てくる「消去」があり、これは罰とは全く違いますから、わたしは

Punishmentは罰と訳すべきだと考えています。「罰金」を「弱化金」、「懲罰」を「懲弱化」とは訳せませんしね。

D　罰Ⅱ

同じ罰手続きでも正の強化子によって行動を弱める手続きです。

例…罰金、ペナルティ、レスポンス・コストなど

行動を弱めるためには「消去」もありますから、行動を弱める手続きは全部で三つになります。

5　状況要因

先行刺激（A）、行動（B）、結果（C）の三つの関係を「三項随伴」と呼ぶことは先に述べましたが、ネズミのてこ押し行動が餌で強化される場合、ネズミがどの程度空腹であるかによって強化子の効果は当然違います。「ほめる」「しかる」の効果も、小さいときからほめられてばかりいる子どもとしかられてばかりいる子どもでは、同じほめ方しかり方でも効果は違うでしょう。

このように、過去の刺激と反応関係の経験によって、後続する刺激と反応の関係が影響されることを「**状況要因**」と呼び、行動分析では、先の三項にこれを加えた四項で分析する必要があります。これが**四項随伴**です。

6 応用行動分析学の原理

(1) 強化の原理

(A) 正の強化

行動にある刺激を随伴し(付加随伴)、それによってその行動が強められれば、その刺激は「**正の強化子**」で、この手続きが「**正の強化**」です。

「上手なほめ方」の中心になる原理です。「ほめること」が子どもにとってどんなに大きな力をもつかを示す研究事例を二つ挙げてみましょう。

少し古い研究ですが、なかなか説得力のある結果です。

最初の事例は1964年にアレンたちが行った研究で、4歳の幼児が対象です(図2)。この年齢になると幼児は大人といっしょにいるよりも友だちと遊ぶ時間のほうが多くなるのが普通ですが、この子は人見知りが激しく、母親など大人といっしょにいることが多かったのです。そこで、もう少しお友だちと遊べるようにしたい、そのためにはどうしたらいいかという研究です。

次に挙げるのは、ハリスの1967年の、「三輪車に乗って遊ぶ行動」を強める研究です(図3)。

この二つの研究事例は、いずれも、幼児にとって、親しい人に「ほめられる」ことがどんなに大きな効果があるかを示しています。

〈図2〉友だちと遊ぶ行動の強化

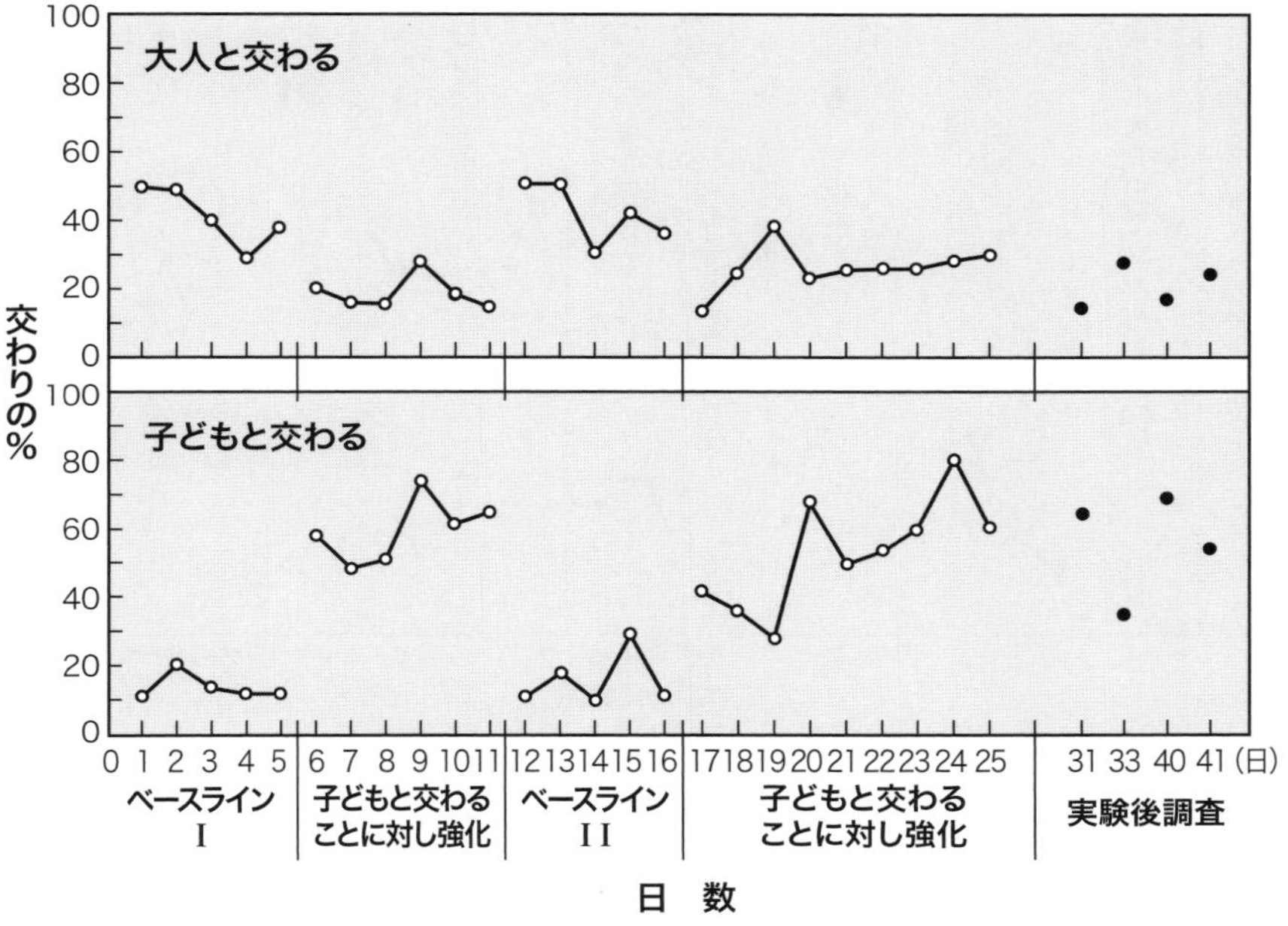

この子どもの場合、普段の行動（ベースラインⅠ）では、明らかに「子どもと交わる」ことが少なく、「大人と交わる」時間のほうが多いことが観察されています。しかし、少しは「子どもと交わる」ことはあるので、そのたびに毎回お母さんが「お友だちと遊べてえらいね」とほめます（6〜11日）。すると「子どもと交わる」割合がどんどん増えていきます。ほめるのをやめると（ベースラインⅡ）、また「子どもと交わる」ことが少なくなり、またほめると（17〜25日）、それ以前よりさらに「子どもと交わる」ことが多くなっています。

ここまで約1か月かかりましたが、この間、この子どもは友だちと遊ぶ行動が学習できたので、後は（31日以降）、特にほめなくても自然と友だちと遊ぶようになっています（アレンたちの研究　1964年）。

〈図3〉三輪車に乗って遊ぶ行動

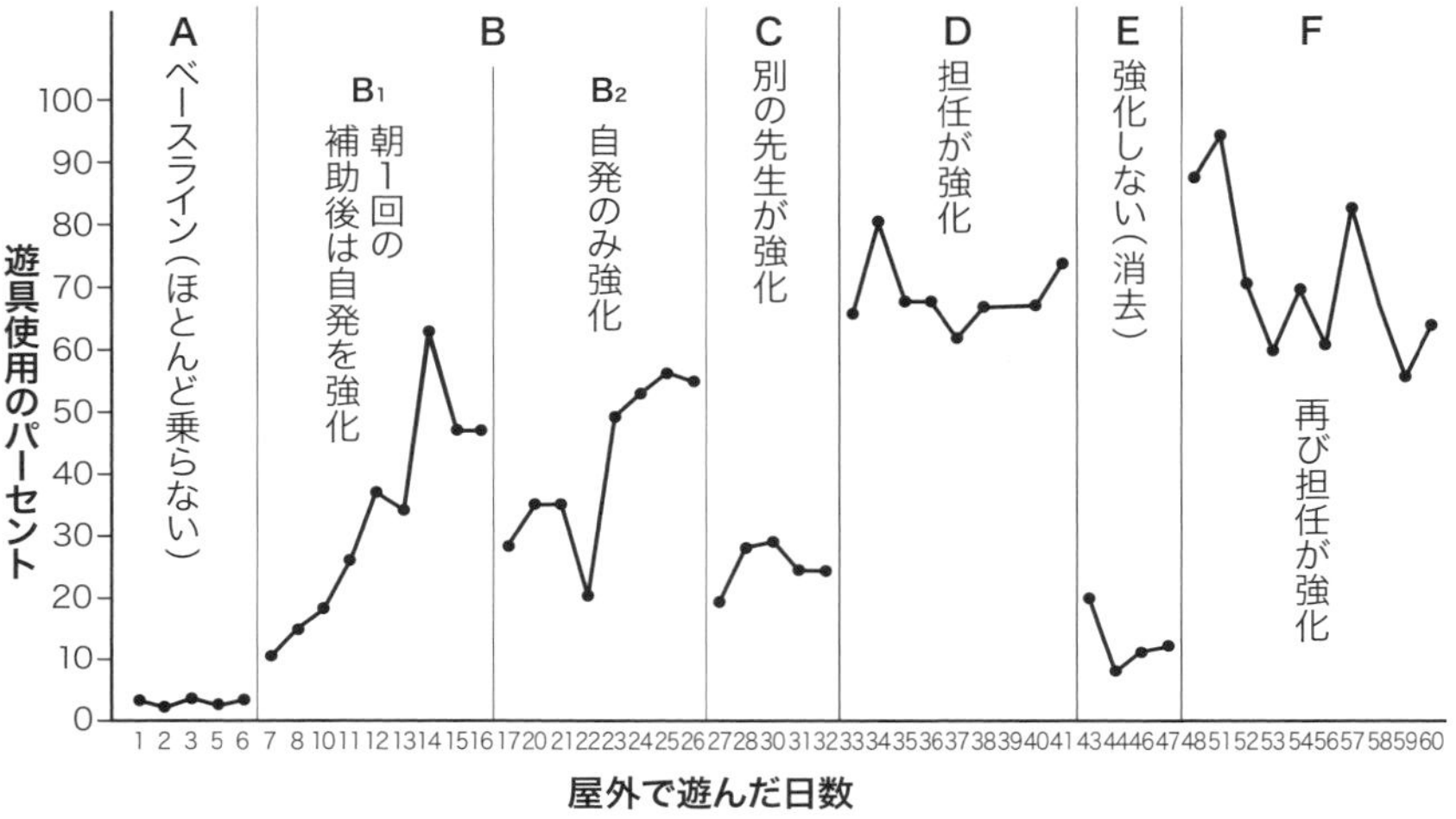

図に示すハリスの研究（1967年）は、三輪車などの遊具に乗りたがらない幼児に、教師の賞賛を強化子としたものですが、B_1では毎朝1回、教師が子どもを抱き上げて三輪車に乗せ、それを強化するという方法が用いられています。後は、自発的に乗ったら必ず強化しています。B_2では朝の補助をやめ、自発的に乗ったときに強化しています。

この研究では、（C）において夏休み後、担任が病気のため代わりの教師が強化を与え、（D）において病気の治った担任が再び強化者となっています。（C）と（D）との顕著な差は、この年齢の子どもにとって担任が強化者になってほめるということが重要な問題であることを示しています。

また、（E）は担任が強化を止めた（消去）期間ですが、（E）では（C）よりも頻度が低くなっていて、教師の賞賛という強化のもつ機能を明らかにしています。

(B) 連続・即時強化

先の二つの研究事例を見て、わたしも子どもをうんとほめているのに、それほど効果があるとは思えないと言う方があるかもしれません。

その場合は、「**連続・即時強化**」が不十分ということが関係しているかもしれません。

「**連続強化**」とは、強化される行動が起こったときには1回も見逃さないで必ず「ほめる」ということです。また「**即時強化**」とは、行動の後、時間をおかないで即時に「ほめる」ということです。

即時強化がいかに重要かを見事に示したスキナーの実験があります(Q34)。

20分の1秒強化が遅れたためにハトが標的行動の学習に失敗したばかりか、正反対の行動を学習してしまったというものです。この実験は、即時強化がいかに重要かを示唆していますが、子どもの場合、何かを学習するのに20分の1秒強化が遅れると学習できないということになると、子どもはほとんど何も学習できなくなってしまうでしょう。子どもが、強化が少し遅れてもそれなりに学習できるのは、実は「**回数の原理**」という別の原理が働くからです。

ハトの実験では、首の前進と後退運動は同じ回数起こるので、強化の直前の行動が強められますが、子どもの行動は、強化が少し遅れても、標的行動と強化の間に起こる行動は、普通一つずつ違っています。回数を重ねるとその効果が、回数の少ない行動への即時強化の効果より勝って、標的行動が学習されることになります。しかし、学習に少し時間がかかりますので、極力、即時強化を心がけるべきです。

(C) トークン・エコノミー

クラスでの集団活動では、同じ行動を同じ方法で強化できる(例えばことばでほめる)場合は少なく、むしろ、一人ひとりの子どもの異なる標的行動に、その子どもに最も効果のあるそれぞれ異なる強化子を連続・即時強化で与えなくてはなりませんが、それはほとんど不可能でしょう。

その場合よく使われるのが、「**トークン・エコノミー**」です。

トークン・エコノミーは、具体的なごほうびの代わりに「トークン」（模擬貨幣、おはじき、カードなど）を与えておき、1日の終わり、あるいは週末に「お店」を開いて、一定の数のトークンとお店に並んだものと交換するという手続きです。子どもが自分で選ぶので、お店には子どもが選びそうな品をたくさん並べておきさえすればいいわけです。

これはお金で買い物をするのと同じ行動ですから、「トークン」が使える程度の発達段階になれば極めて有効な方法です。

家庭で、壁に表をはって望ましい行動の度に○を付け、一定数の○が付いたら、ごほうびを買ってあげるというのも「トークン・エコノミー」です。

(D) 負の強化

「寒い」「暑い」「痛い」といった負の強化刺激が「手袋をはめる・オーバーを着る・ストーブをつける」「扇子であおぐ・日陰に入る・エアコン

をつける」「クスリをつける・痛み止めの注射をする」といった行動で除去・回避されることで、それらの行動が強められます（**撤去随伴性**）。

教育の場面では「不登校」行動が例になるかもしれません。「しかられる・ばかにされる・いじめられる」など負の強化子でいっぱいの学校へは、「不登校」によってそれらの負の強化子から逃れることができます。そうだとすると、不登校行動を弱めるのは、学校を楽しい場にしさえすればいいことになります。今の学校を楽しい場にするということはなかなか難しくはありますが、できないことではありません。ぜひ積極的に取り組みたいものです。

(2) 罰

(A) 罰Ⅰ

前にも述べましたように、罰はなるべく使わないほうがいいのです。

法律で禁止されている「体罰」が使えないことは当然ですが、「愛のむち」ということばもあるように、「しかる」ことの効果を認める考え方もあります。

応用行動分析学の立場ではなぜ「罰」を使うことに慎重なのか。その理由を考えてみましょう。

① 罰の効果は一時的

罰は、最初に効果があったとしても（確かに効果のある場合があります）、使い続けていくうちに、だんだん効き目が薄くなっていき、同じ効果を出すためにはもっと強い罰が必要になってきます。それを示すネズミの実験については、Q48で述べたとおりです。

人間の場合も、はじめは優しくことばでしかっていたのが、効き目がなくなると平手でたたいたり、しまいにはげんこつではり倒すといった強い罰刺激が必要になるおそれがあります。

②罰は副作用を伴う

ある先生にしかられて、その先生が**嫌悪刺激**になると、ほかの先生も嫌いになります。また、クラスのだれかにいじめられると、ほかの子からもいじめられないかとおそれるようになります。刺激般化ですね。こうして学校中が嫌悪刺激でいっぱいになり、それを回避する不登校行動が強められることになりかねません。

③罰が行動を強める場合もある

罰によって行動がかえって強められることがある例として、1968年の**マドスン**たちの「離席行動」を少なくするための研究を紹介しましょう（図4）。

マドスンたちのこの研究は、わたしがビジューの大学院のクラスでマドスン自身が報告したのを直接聞き、それがわたしの知的障害の子どもへの指導で経験したこととぴたりと符合したので、強烈な印象を与えられたことはP002「はじめに」でも述べました。

この研究では、「罰」がかえって「離席行動」を強めていることのほか、「消去」が望ましくない行動を弱める効果的な方法であること、さらには、「消去」と「着席行動」への賞賛の組み合わせが大きな効果を生んでいることをも示しています。望ましくない行動には、その反対の望ましい行動が必ずあります。この場合は「離席」に対する「着席」です。

望ましくない行動（離席）には「消去」、そして望ましい行動（着席）には正の強化、これは「**分化強化**」の一例です。

罰技法の一つに「**タイム・アウト**」があります。正確には、「正の強化からのタイム・アウト」といいます。

望ましくない行動に、正の強化が受けられない一定時間を設けるという手続きで、ピーターソンが1967年にアメリカの学会で報告した事例では、7歳の知的障害の男子が壁に頭を打ちつけて

〈図4〉「席に着け」指示の強化機能分析の実験結果

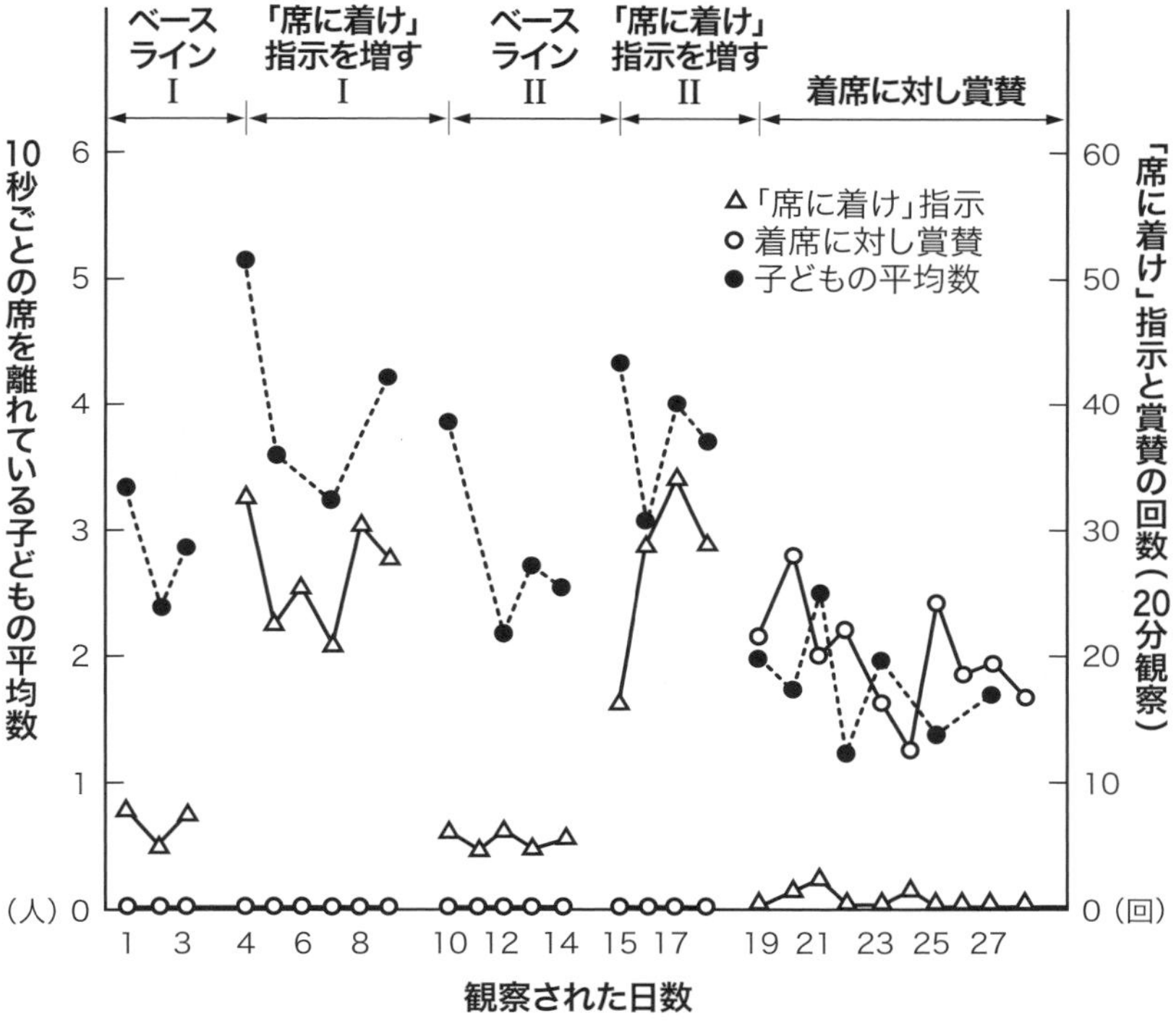

10秒ごとに席を離れている子どもの数を数えた実験。離席した子どもには何も言わず着席した子どもをほめる（賞賛する）と、離席が減ることが分かる。

いつも血だらけになっていた激しい自傷行動に適用して、2週間で自傷が全く見られなくなったという見事な研究において、タイム・アウトが使われました。

この場合は、食事中少しでも自傷が出ると、介護者がお皿を取り上げ、いすを半回転して社会的接触を断ち、一定時間自傷が見られなければ向き直って食事を続ける、次には部屋の隅に一定時間座らせるという方法でした。普通よく使われるのは、クラスルームに隣接して「タイム・アウト室」を設け、ケンカ、暴力、反抗など望ましくない行動があれば、即座に「タイム・アウト室」に入れ、おとなしくなったらクラスの活動に復帰させる方法です。ピーターソンの事例では、タイム・アウトの時間を、はじめは短くしておき、その間自傷が起こればそこからまたカウントし直す、自傷が起こらなければだんだん長くしていくという方法が取られていますが、これは「**低反応率分化強化**」と呼ばれます。

ついでにここで「**高反応率分化強化**」も紹介します。「低反応率分化強化」とは反対に、強化子が最後の反応からの時間が短い場合にだけ与えられます。反応率を高め、のろのろしている子どもにもっと早く話したり読んだりする行動を援助するのに用いられたりします。

(B) 罰Ⅱ

「正の強化子」を使って望ましくない行動を弱めるのですから、「罰Ⅰ」よりずっと穏やかな方法といえましょう。

あらかじめごほうびが与えられていて、何か望ましくないことをするたびにごほうびが取り上げられます。典型的な例としては、交通違反のたびに「罰金」をとられることで交通違反をしなくなることが挙げられますが、クラスなどでよく使われるのは「**レスポンス・コスト**」という方法です。「レスポンス・コスト」とは、あらかじめ「カード」を10枚なら10枚与えておき、「離席」したら

1枚取り上げる、つまり減点法ですね。その日の終わりにカードが残っていたらごほうびと交換。これはトークン・エコノミーになります。

(3) 消去

先のマドスンたちの研究でも使われましたが、「消去」は行動を弱める三つの手続きの一つです。正負いずれの刺激も随伴させず、中立刺激のみが随伴するのが「消去」ですが、すでにその行動が強化されている場合は、強化される以前のレベル（オペラントレベルと言います）まで弱められて、そこで安定します。この操作を「オペラント消去」と呼び、子どものだだをこねる、ぐずぐず言う、お菓子売り場の前を通るたびに「買って、買って」と言うなどの軽い問題行動には効き目があります。

ただし、辛抱強く消去を続けることが大事で、一度でも「ぐずぐず言わないの」としかったり、お菓子を買ってあげたりしたら、まさに元の木阿弥になってしまいます。そこが消去を実際に使う場合の難しい点ですね。

もう一つ、消去を「無視する」という言い方で説明する場合がありますが、「シカト」になるとこれは「罰」になってしまいますから、「無視」という言い方には注意が必要です（Q57）。

(4) 強化スケジュール

先に連続・即時強化が重要であると述べましたが、続けるのは大変ですし、不可能でしょう。標的行動が身についたら、徐々に**間欠・遅延強化**に切り替えていきます。

間欠強化とは毎回ではなく3回に1回、5回に1回とだんだん強化を間引いていくことです。**遅延強化**は、即時ではなく強化を少しずつ遅らせていく手続きです。学習された行動が維持できる限り、大きく間引き、うんと遅らせていってかまいません。100回に1回の強化でも行動が維持されるのであればそれでいいのです。ずっと効率がよくなりますね。そして連続・即時強化は新しく学習する行動に使うことになります。

これが強化スケジュールですが、一定回数ごとに間引くのか、平均は5回、でもときには3回であったり6回であったりといった不定回数の間引きか、また、一定時間間隔で遅らせていくのか、不定時間間隔で遅らせていくのか、これらの組み合わせで4通りのスケジュールがあります。

例えば授業中、鈴が鳴ったとき離席していると減点という場合、5分おきに鳴らせば、やがて子どもたちは、離席してもしばらく（5分間）は安全ということを学習してしまうでしょう。不定時間間隔のスケジュールでそれを防ぐといった使い方をします。

(5) 強化子

強化子の原理とは、ある子どもにとって何が正の強化子で、何が負に強化子であるのかはテストしてみないと分からないという原理です。

先に紹介した「友だちと遊ぶ行動」「三輪車に乗る行動」などのように、4、5歳になると、母親や幼稚園の担任の先生などから「よくできたね」「えらかったね」など、ことばによる賞賛が大きな効果を発揮するようになります。これは「**社会的強化子**」ですが、社会的強化子でももう少し発達が下の段階では、頭をなでたり、ほおずりをしたり、抱きしめたり、高い高いをしたりすることが効果的な場合もあるでしょうし、さらに下の段階では、おもちゃを買ってあげる、絵本を読んであげる、好きなテレビ番組を見せる、ドライブに連れていくといった具体物を使ったほめ方が必要な場合もあるでしょう。

もっと発達の下の段階では、お菓子やジュースのような食べ物・飲み物でしか十分な効果がない時期もあります。生まれたばかりの赤ちゃんには、母親が笑顔をみせても、ことばでほめても何の意味もありません。のどが渇いているときに水、おなかが空いているときにお乳、おむつが濡れているときに取り替えてくれる、そのときいつもお母さんがニコニコ笑顔で話しかけたりあやしたりすることでお母さんが子どもにとって大きな正の強化機能をもつようになるのです（**獲得強化機能**）。

早くそうなるためには、母親もしくはそれに代わる人が、発達の初期の段階から社会的強化をいつもいっしょに与えることによって強化機能を早く獲得することが大切です。

以上は発達に沿った一般的な強化子の順序ですが、発達に遅れや偏りがある場合には、思いがけないものが強い強化機能を発揮する場合があります。アメリカの研究では、「ぼろ布を裂く」ことが強化子として有効だった例も報告されています。

わたしの研究では、ダウン症でASDというあまり例のない4歳の男児に、「名まえを呼んだ人にボールを投げる」という行動目標を1年くらいかけて達成させた事例があります。そのとき一番苦労したのが、この子どもに効果のある強化子探しでした。アイスクリーム、ジュース、おせんべいなどいろいろ試しても効果が見られず困っているときに、お母さんから、「この子は『おもちゃのチャチャチャ』を聞かせてさえおけばご機嫌」ということを聞き、以後、強化子にこれを使って成功しました。

『おもちゃのチャチャチャ』がこの子どもにどれほど効果的な強化子であったか、図からは、指導経過のグラフのその部分だけの抜粋ですが、おもちゃのチャチャチャの強化随伴の期間に成功率が大きく上昇し、中止すると（消去）急激に下がっていることが分かります（図5）。

この子におもちゃのチャチャチャをいつまでも使い続けたわけではありません。さらに「漸次接近」の原理を使って指導を続けるなかで、最後は、周りの人の社会的強化だけで積極的にボールを相手に投げられるようになっています。

大事なことは、どの子どもにどんな強化子が効

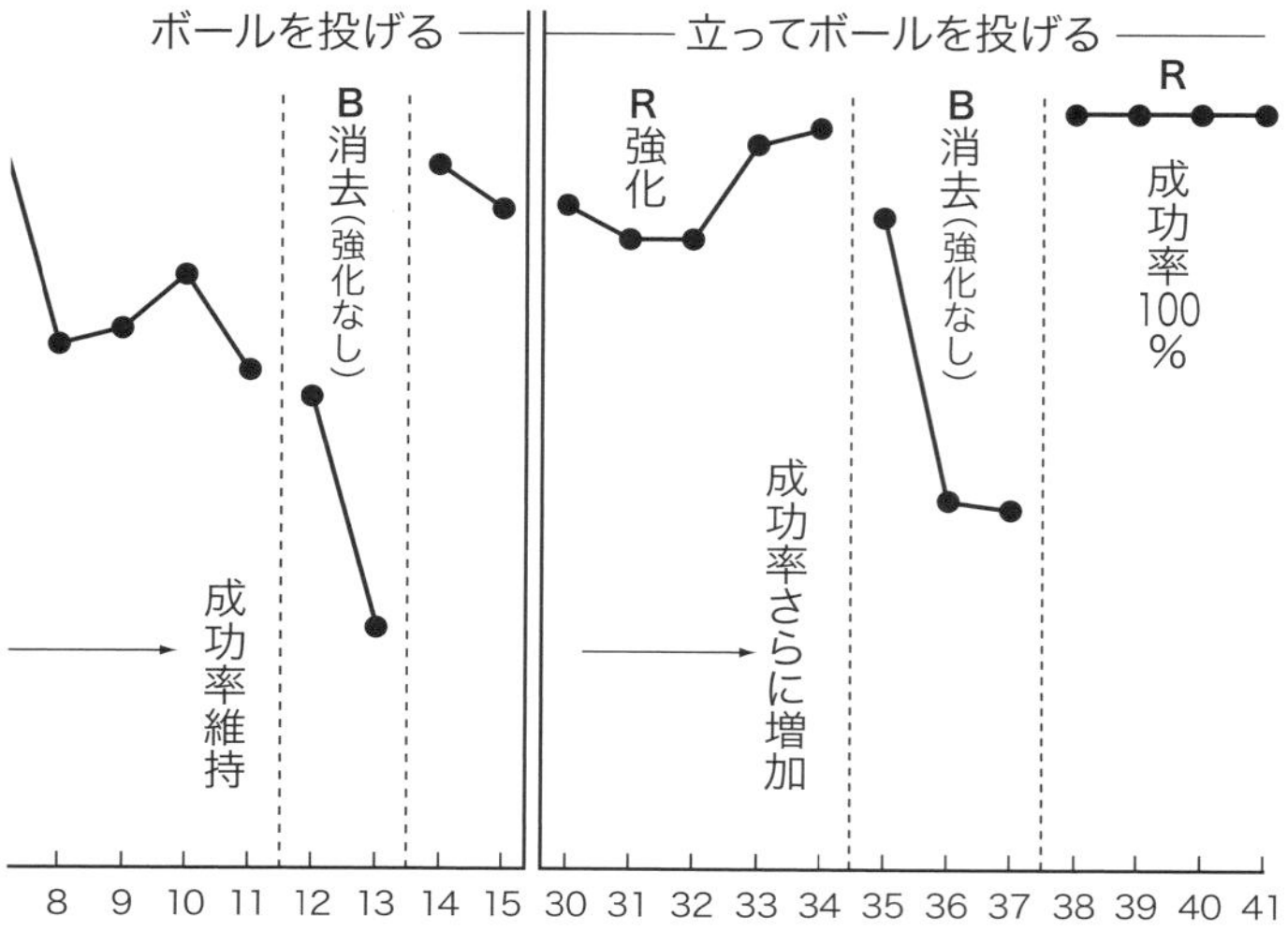

対人関係の改善を目標にして、最初は畳の上で「ボールちょうだい」と言った人に向かって正しくボールを転がす。次には、畳の縁に腰かけて、さらに立ってボールを投げ返す行動の学習。般化は、原っぱで、社会的強化だけで相手へのボール投げに成功。

果があるのかは、テストしてみないと分からないということです。

(6) シェイピング（漸《ぜん》次《じ》接近）

目標の行動にすぐには到達できそうにない場合に、細かいステップに分けて、一歩一歩目標に近づけていく技法を「シェイピング（**行動形成**）」と呼び、同義語として「**漸次接近**」が使われることもあります。このほうが分かりやすいかもしれません。

スキナーの実験では、ハトにクルリと1回転する行動を教えるのに、はじめはハトが箱の中を歩き回っているとき、少しでも体を右（左回りを教える場合は左）に回したら餌を与え連続・即時強化をし、後は右に回す角度を**スモールステップ**で徐々に広げていき、最後には体を1回転させたときに強化するという方法で学習させました。

スキナーは、この方法を応用して、戦争中はハ

〈図5〉ボールを投げる指導経過のグラフ

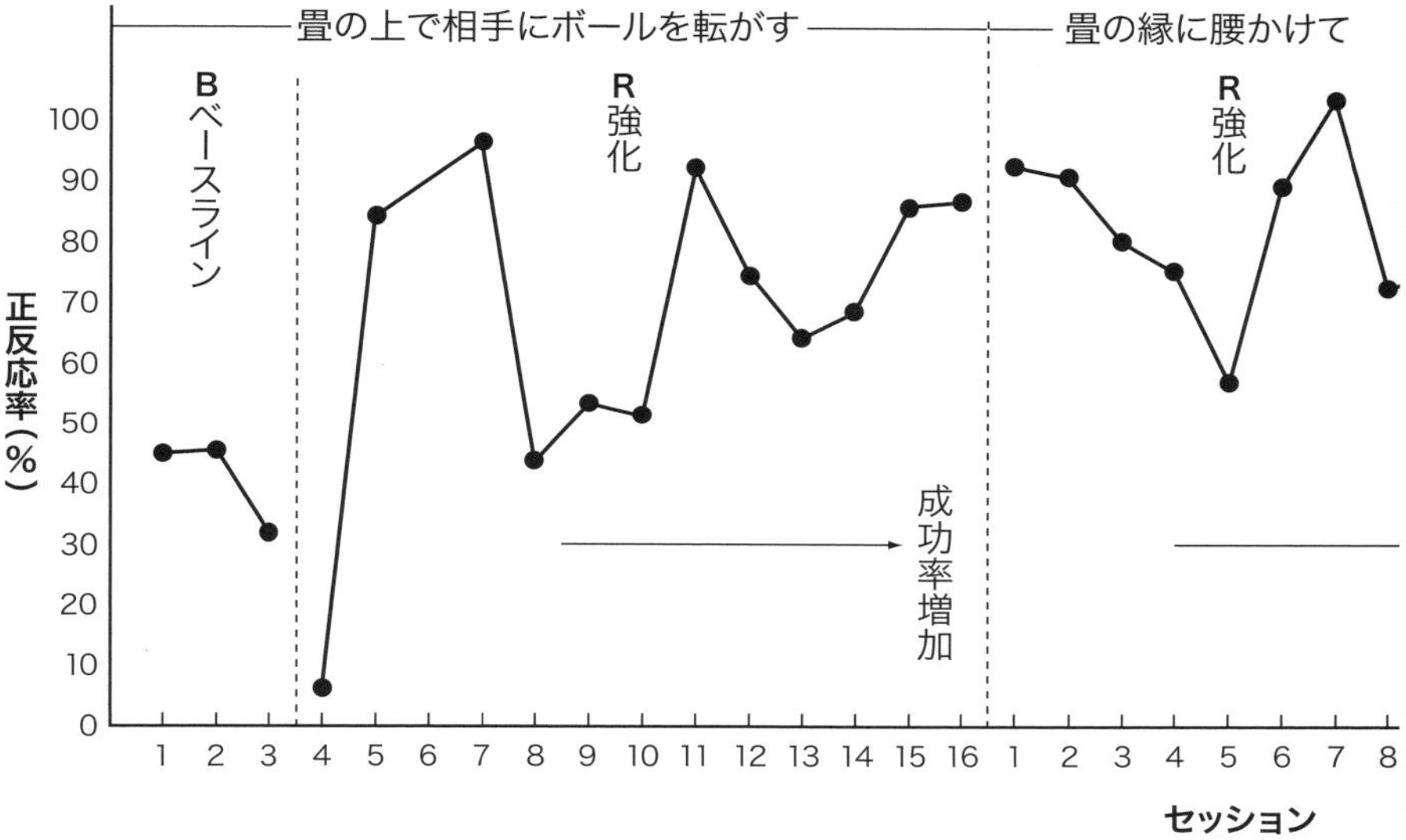

トにミサイルを発射させる訓練に従事していた傍ら、ハトにピアノを弾かせたり卓球をさせるといった複雑な行動を教えたりしていました。

　漸次接近がうまくいくために欠かせないのが「反応般化」の原理です。「刺激般化」と共に(7)で説明しましょう。

(7) 般化

　般化には「**刺激般化**」と「**反応般化**」があります。

　刺激般化は、ある特定の刺激である行動が生じるようになると、少し違っていても似た刺激に対しても同じ反応が生じることです。それに対し反応般化は、同じ刺激に対して生じる反応が幅をもって現れるということを指します。

　刺激般化の例として、自宅でトイレ行動を学習した子どもが、幼稚園やデパートのトイレでも使えるようになるとか、学校で担任にほめられて強化された行動がほかの先生がほめても効果を示すなどです。

また、反応般化の例としては、顔を洗ったり、体を拭いたりする行動は、同じ状況でも順序が変わったり、拭き方が少し違ったりという幅があるなどです。

先のハトの実験では、はじめは10度ほど体を回転することに強化すると、次のハトの行動は８度から12度というような幅のある反応になり、次に12度回ったときだけ強化すると10度から14度までの幅のある反応が見られ、この反応般化が起こるからだんだん回転の角度を広げて３６０度の回転が可能になるわけです。

刺激般化は人間の行動に、精緻な繊細な行動を可能にしますし、反応般化は融通性のあるゆったりした行動を可能にしてくれます。両方ともとても大事な原理なのです。

●著者プロフィール

山口 薫 (1924－2015)

東京大学文学部心理学科卒業、同大学院修了。文部省初等中等教育局特殊教育室専門職を経て、東京学芸大学助教授・教授、明治学院大学教授、星槎大学教授・学長を歴任。この間、日本特殊教育学会理事長、日本行動分析学会会長、日本共生科学会会長、全日本特殊教育研究連盟（現：全日本特別支援教育研究連盟）理事長、日本知的障害（発達障害）福祉連盟会長、国際ポーテージ協会副会長、アジア知的障害福祉連盟名誉理事、日本ポーテージ協会名誉会長などを務める。

●参考文献

山口薫『オペラント原理とその精神薄弱児への適用』東京学芸大学特殊教育研究施設紀要Ⅰ、1967年
山口薫『精神薄弱児のオペラント原理の適用における若干の問題』同上Ⅱ、1968年
山口薫ほか『オペラント原理の精神薄弱児への適用（1）』同上Ⅲ、1970年
山口薫『オペラント原理の精神薄弱児への適用（2）』同上Ⅳ、1971年
山口薫ほか『精神遅滞を伴う脳損傷児の行動変容』同上Ⅸ、1975年
山口薫『行動療法の原理とその適用』明治学院大学教育相談室紀要、1994年
山口薫『応用行動分析学：わが国における発展と課題』行動分析学研究第18巻第2号、2003年
H.K.ウエルズ著、中田実・堀内敏訳『パヴロフとフロイト』黎明書房、1966年
R.I.エヴァンス著、宇津木保訳『B.F.スキナー』誠信書房、1972年
佐藤方哉『行動理論への招待』大修館書店、1976年
シドニー W.ビジュー著、園山繁樹・根ヶ山俊介・山口薫訳『新訂子どもの発達の行動分析』二瓶社、2003年
Yamaguchi, K. :Application of Operant Principles to Mentally Retarded Children. In Application of Behavior Modification. Academic Press. 1975
Yamaguchi, K. :Behavior Modification of Retarded Preschool Children. Research Bulletin RIEEC No. 8. Tokyo Gakugei University 1977
Yamaguchi, K., :Application of Operant Principles to the Hyperactive Behavior of a Retarded Girl. In Etzel,B.C.et.al.(Ed.) :New Development in Behavioral Research-Theory, Method and Application. Lawrence Erlbaum Association, Publishers.1977
Yamaguchi, K. :The Application of Behavior Analysis to the Development of Language in a Autistic Child. Research Bulletin RIEEC No.15. Tokyo Gakugei University 1980
Bijou, S.W. :Functional analysis of retarded development. In N. Ellis (Ed.) International Review of Research in Mental Retardation. Vol.1. Academic Press 1966
Bijou, S.W., Peterson, F.A., Harris, F.R., Allen, K.E. Johnson, M.S. :Methodology for Experimental Studies of Young Children in Natural Setting. Psycol. Rec.,19 1969

学研の
ヒューマンケア
ブックス

発達の気がかりな子どもの　上手なほめ方しかり方　新装版
〜応用行動分析学で学ぶ子育てのコツ〜

2010年2月2日　初版第1刷発行
2024年3月19日　新装版第1刷発行

著　者　山口　薫

発行人　土屋　徹
編集人　滝口勝弘
編　集　谷澤亮司
デザイン　曽矢裕子、藪ふく子
イラスト　坂木浩子
発行所　株式会社Gakken
〒141-8416　東京都品川区西五反田 2-11-8
印刷所　株式会社リーブルテック

この本に関する各種お問い合わせ先
●本の内容については、下記サイトのお問い合わせフォームよりお願いします。
https://www.corp-gakken.co.jp/contact/
在庫については　Tel 03-6431-1250（販売部）
不良品（落丁、乱丁）については　Tel 0570-000577
学研業務センター　〒354-0045 埼玉県入間郡三芳町上富 279-1

※本書は、2010年に発行した「発達の気がかりな子どもの　上手なほめ方しかり方」の新装版です。